孟买印象

李曼 著

世界知识出版社

图书在版编目（CIP）数据

孟买印象/李曼著. -- 北京：世界知识出版社，2015.12
ISBN 978-7-5012-5120-9

Ⅰ.①孟… Ⅱ.①李… Ⅲ.①孟买—概况 Ⅳ.①K935.1

中国版本图书馆CIP数据核字（2016）第001762号

责任编辑	何以多
责任出版	赵 玥
责任校对	马莉娜
装帧设计	肖 博

书　　名	**孟买印象** Mengmai Yinxiang
作　　者	李 曼

出版发行	世界知识出版社
地址邮编	北京市东城区干面胡同51号（100010）
网　　址	www.ishizhi.cn
印　　刷	北京毅峰迅捷印刷有限公司
开本印张	880×1230毫米　1/32　6½印张
字　　数	120千字
版次印次	2016年1月第一版　2016年1月第一次印刷
标准书号	ISBN 978-7-5012-5120-9
定　　价	22.00元

版权所有　侵权必究

作者介绍

李曼,女,中国作家协会会员,长期从事编辑记者工作和文学创作。1993年撰写广播剧《古墓遇险》获得亚洲太平洋地区广播电视剧联合会大奖,全国广播剧本二等奖;创作发表有《魔鬼三角的秘密》等多部文学图书、广播剧、动画片等。2014年出版新书《拔根儿》,描写出生于上世纪50后群体的童年故事。

作者在印度孟买长驻期间在中国外交部网站发表多篇《孟买随笔》,获得好评;2011年3月在孟买接受凤凰卫视记者采访,访谈录在该台《中国周边地区热点行》中播出,受到关注。

前　言

　　1988年,我以记者身份随新闻代表团访问印度第一大城市孟买,初次见面,即震惊于她灯红酒绿的繁华靓丽。那时的中国国门渐次打开,正在热身试翼,对比孟买,上海显得陈旧破败,深圳也只是个不断扩大的渔村。而孟买,俨然阿拉伯海岸一颗光艳眩目的明珠,南亚次大陆的骄傲。

　　20多年后,我作为外交官夫人随先生来孟买并长驻四年,再次见面,完全颠覆了前次印象。当上海和深圳以千里马速度奔跑时,孟买竟然20多年按兵不动。从贫民窟环绕的机场驱车一路进城,我不断疑惑地扪心自问,这是那个曾经让我无比欣羡的孟买吗?

在孟买生活的四年感慨良多。不知为什么,住得越久感觉越模糊,无法一言以蔽之,思绪像没膝的蔓草纷繁错杂。印度,是片谜一样的土地,对于中国人来说她身近心远,让人难以琢磨。行走在这个城市里我一直在寻找自己的视角进行素描。

本书的第一章《最初印象》描写了初到孟买的个人印象与感受;第二章《日常生活》对当地购物、医疗、教育、房价、食品、交通、就业等民生问题进行素描式介绍;第三章《社会舆情》进一步深入观察探讨孟买的社会人文生活;第四章《行走印度》记述了我所游历的部分印度名胜。

通过本书,你可以粗知印度人如何看病上学,如何面对高房价高物价;了解年轻人找工作的艰辛和交通行路的不易;看到种姓制度造成的独特生活现象,以及印度社会贫富严重分化又相对稳定的原因……也可以沿着我的足迹,领略印度独特的神秘与美丽。

离开印度后我与孟买渐行渐远,夜不能寐时常常想起孟买海边那些头顶铜盆、光着脚板、裙裾飘飘的少妇们;夜晚的海滨大道华灯齐放、五光十色,宛如一条璀璨的宝石项链;也常常记忆起南方喀拉拉邦水乡在余晖里的椰林岸草,清风撩动中恍然水天一色,只有倏忽间白鹭掠过水面,才惊起一片涟漪……

孟买,你的形象烙印在我心里;印度,你是我时常梦回的土地。

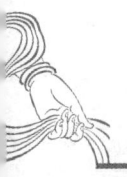

目 录

第一章 最初印象

孟买的乌鸦 ………………………………………… 1
司机巴龙 …………………………………………… 4
孟买节奏 …………………………………………… 8
不叫的狗 …………………………………………… 12
夜之声 ……………………………………………… 17
海滨大道 …………………………………………… 21
房东先生 …………………………………………… 25
健身在孟买 ………………………………………… 29
宝莱坞的童话 ……………………………………… 34

第二章 日常生活

购物在孟买 ………………………………………… 39
5 欧元能买什么 …………………………………… 45
车行孟买 …………………………………………… 51
吃在印度 …………………………………………… 57
从停电说起 ………………………………………… 65
看病难易 …………………………………………… 72
印度草药 …………………………………………… 83

互助养老 …………………………………………… 91
不当工作狂 ………………………………………… 96
印度遭遇就业难 …………………………………… 103
在孟买上小学 ……………………………………… 108
留学印度 …………………………………………… 115

第三章　社会舆情

种姓结 ……………………………………………… 122
兄弟情 ……………………………………………… 127
孟买华人 …………………………………………… 132
中国制造在印度 …………………………………… 136
孟买中餐馆 ………………………………………… 142
隐形富翁 …………………………………………… 148
幸福的印度人 ……………………………………… 153
嫁到孟买 …………………………………………… 158
漂泊的鹰 …………………………………………… 163

第四章　行走印度

浪漫坚贞乌代浦 …………………………………… 167
亨比的神话 ………………………………………… 173
奥兰加巴德的奇迹 ………………………………… 182
喀拉拉回水游 ……………………………………… 188
泰姬陵，爱情的丰碑 ……………………………… 194

第一章　最初印象

〖孟买的乌鸦〗

乌鸦在希腊神话中是不死的神鸟，而在印度的孟买，当它们密密匝匝地落在树上时，宛如一炬黑色的火焰。

我随先生来中国驻孟买总领事馆工作，在南孟买租了一套公寓住房。社区里没有草坪树木，冰冷的水泥地上停泊着几辆簇新的日本车。

白天从窗里向院落望去，行人很少，更多的看到的是乌鸦。这里的乌鸦羽毛黢黑如紫墨，在阳光下闪着亮紫的荧光，脖子上还围着一圈宽宽的铁灰色。它们时而像剑一样劈开湛蓝的天空，时而成群结伙地飘落下来，如黄叶般落在楼外的空调顶部和窄窄的窗台上。到处是白色和灰白色的乌鸦屎，无味，只是一

孟买印象

滩滩地粘在地上而已。

清晨时分，穿着棕色制服的清洁工准时来清扫院落，也向地上和平台上的乌鸦丢些食物。这些鸟儿们欢叫着，扑腾着，和鸽子们一起扑向食物碎屑。

我喜欢沐浴着海面吹来的咸风站在厨房窗口洗菜，经常有一只乌鸦在窗外探头探脑地窥视着，似乎在要水喝。孟买大多数住房没纱窗，我家也不例外。奇怪的是在这种湿热的地方很少有蚊子，偶尔闯进来一只苍蝇，没等拍打已经自觉地飞走了。听说印度人几乎不打苍蝇，有些虔诚的耆那教徒甚至出门都要戴口罩，以免误吸进苍蝇或其他昆虫而杀生。没有纱窗，乌鸦和鸽子就可以大摇大摆地站到窗台上乞食。

孟买人喜欢喂乌鸦，有的还在自家窗户上挂个食盒，专为乌鸦服务。久而久之乌鸦们形成习惯，天一亮就来敲窗问候，似乎在提醒主人："嘿，该开早饭了。"来访之准时犹如酒店里的"Morning call"。

站在我眼前的这只乌鸦脖子上的灰色略淡，尾羽上有一抹白色，有点儿与众不同。也许原先的房客曾经照顾过它，所以敢于落落大方地从窗外注视我。

我没喂它水喝，反而挥挥手下逐客令。一个客居此地已经一年的朋友告诫我，千万别随便喂乌鸦，它们会成群结队地找你要吃的；也别让乌鸦进屋，会把你家扑腾得乱七八糟。她就曾经有过这样的经历，为了把乌鸦轰出屋不小心把茶杯打碎了。

这只乌鸦用忧郁的眼神看着我，然后不情愿地背过身展翅

第一章　最初印象

飞走。当我依然聚精会神地洗菜时,忽听见背后有个女人的声音在问:"你来啦?"我一惊,回身一看杳无人影,顿时脊背发凉,吓出了冷汗。经过一番调研总算搞清楚了,原来厨房有个小门直通隔壁,住着房东家的厨师,那声音是他太太的,她在用当地的马拉第语招呼乌鸦喝水。房子隔音差,招呼声被我恍然间听成了中国话。

住得久了,我渐渐地也改变了对乌鸦的态度,甚至拿个小盒子盛点水放在窗台上。但那只经常造访的乌鸦从不来喝水,只是好像和我很熟的样子,每天按时跳到窗台上看我在厨房里忙活,或者傲立在那里与我相向对视。呵呵,在地球上几十亿人类和几百亿乌鸦中,我俩能如此稔熟,也是一种缘分啊。有这些活泼善良的乌鸦做伴,孟买这座城市减少了水泥森林的冰冷,平添了几分自然意趣。

孟买人很喜欢这些黑色精灵,把它们誉为这个城市的吉祥鸟。时常可以看见父母带着小孩子在海边给乌鸦喂食,也让这种人与鸟类的和谐友谊世代相传。从这些与人类安然比邻的乌鸦叫声里,我听到了城市与大自然的和谐韵律,也看到了孟买人对人类自身以外生灵的善意与宽容。

窗台上那只似乎和我很熟的乌鸦终于飞走了,让我得以靠近窗前远眺。窗外绿树密布,高楼和矮屋伸向海边。夕阳渐深时,将海水浸润成一片金色,安详的时光在无声逝去,仿佛泰戈尔笔下的优美景色。身处其中享受着漂泊的凄美和放任,心儿逐渐地平和下去……

孟买印象

〖司机巴龙〗

陌生与恐惧是一对孪生姊妹。刚到孟买时一切都很陌生，心中也自然萌生出几丝恐惧，觉得街道上那些与我们差异巨大的人们仿佛充满了敌意。记得那一晚在一家中餐馆聚会，朋友们再三告诫，在孟买尽量不要走夜路，当心遭抢，平时要捂住挎包防偷窃，等等，让我心生畏惧。回住所时，走在夜幕下的孟买心中忐忑不安。一群当地年轻人直勾勾地迎面走来，在狭窄的便道上毫无让路之意。看着他们黝黑的脸和黑暗中闪烁不定冰冷的眼神，我只觉得两腿发软，脑子里一片空白，完全不知道他们何时擦肩而过。一步步挨到住所时，刚来孟买的兴奋和新鲜感已经燃烧殆尽，寸寸成灰。

第一章　最初印象

一位阿拉伯国家的外交官形容对孟买当地人的感觉说，每当他与街上的人对视，总觉得他们打量他的眼神，就像非洲草原上的猎豹窥视羚羊一样，让人不寒而栗。

然而，随着在孟买生活的时间延伸拉长，这种莫名的恐惧感连同海面上每天轻拂的海风一起烟消云散了。我甚至喜欢上这个城市和这里的人们，而让我快速转变观念的是一个叫巴龙的雇员。

巴龙是领馆的专职司机，已经工作了15年，忠诚而且敬业，口碑很好。他高高的个子，是个帅帅的有4个孩子的中年人，为了供子女们读书已经累出了满脸皱纹。他经常加班去机场，回来晚了就在硬硬的沙发上忍一夜，翌日一早就起来，眼睛红红地为上班的人们开门。巴龙不爱说话热衷做事，有时候也做些诸如帮助馆员家里换煤气罐和纯净水这样的力气活儿，很高兴得些额外的小费。

我刚搬进租住的公寓时，发现煤气灶是坏的，无论或开或关、左拧右转只管往外泄煤气，这让我的恐惧感又增加了一层。巴龙和单位里的一个小伙子买来了新的煤气灶，并帮我安装。因为我忘记关掉煤气罐的总开关，巴龙在拔掉管子时煤气呼呼地喷了出来。他赶紧跪下来用手捂住管子，脖子上青筋暴露，很紧张的样子对我大叫，意思是快点躲开。煤气还在外泄，还好我没昏头，赶紧告诉他煤气罐的位置，他一手攥着管子，一手在灶下的柜子里摸索着关掉了总开关。

新煤气灶安好后，巴龙并没有马上离开，而是在周围仔细

孟买印象

观察,然后指着头顶的吊扇告诉我做饭时千万别开它,有油烟只管开窗户上的排风机。后来在单位里见到我,他又重复这个告诫。不过我并没在意,孟买天气闷热,在厨房里做饭汗流浃背,吹吹电扇有何不可。有一天我在厨房切菜,忽然闻到很重的煤气味,才注意到是头顶的电扇把灶上的火扇灭,煤气跑了出来。我又试了两次,发现只要一开电扇煤气炉就灭。我终于明白巴龙为什么一再提醒我别开电扇,从心里感谢他心细如发,为我这个陌生的外国人想得如此周到。

日子越长,这种善意的事情越积累起来,逐渐温暖和融化了包在我心脏外面的冰冷铁甲,触动了里面柔软部分。

孟买交通拥挤混乱举世闻名。一次我试着过马路,几次欲走都被来势汹汹的车辆吓了回去。一位学者型印度老人走到我身边,让我跟他走。孟买是车右舵路左行,地形复杂而且看不习惯。那一带正在施工,汽车扬起地上的灰土更让人难以躲避对面的车辆。老人从容地走在前面,或行或止,进退有度。他每走两步就要回头示意我跟上,等我走过去他才接着往前走。跟着他的脚步,我仿佛踏着前人铺就的石头一步步慢慢从泥潭里走出来。

另一次我招手叫停了街道对面的一辆出租车,可眼前车流滚滚竟不给我一丝穿行的空间。看着我在这边干着急的样子,出租车司机忽然从车里走出来,站到马路中间,在汹涌的车流面前伸开自己黑瘦的双臂。所有的汽车都在他面前戛然停住,一辆崭新的本田车几乎撞到他身上。此时此刻仿佛周围的一切

第一章　最初印象

都凝固了，连鸟儿都停止了鸣叫。蓝蓝天空下，荡荡马路上，只有我一个人从容穿过。我虽然从没见过这样的交通规则，却也怀着感激之情坐进了他的出租车。

有时候坐巴龙的车出去，遇到有人在车前横穿猛跑不得不狠踩刹车时，他总是摇头安慰说："没问题，很安全。"的确，随着陌生感的淡化，一种安全感在心中油然而生。我开始尝试对当地人微笑，得到的是更加善意的笑容。当善意积累到一定厚度，爱的温存便在心中沉淀。

有人说印度是个神奇的地方，喜欢和讨厌她的人都很极端，讨厌她的人恨不得拔腿就走，而喜欢她的人沦陷下去不能自拔。我是个从恐惧逐渐向喜欢过渡的人，也许早晚有一天也会像热爱她的人一样"沦陷"下去。

孟买印象

〖孟买节奏〗

孟买有着自己特殊的速度和节奏，如果北京的生活舞步是"快四"，这里就是"慢三"。

当全球经济停滞，许多国家在金融危机的旋涡中挣扎时，中国和印度的GDP却分别以惊人速度朔风飞扬；甚至在中国放慢脚步后，印度依然后来居上地快速发展。而身处印度经济首都的孟买，我却缺少速度感，弥漫在缓慢的氛围里。有人把中印经济发展比作龟兔赛跑，当你稍微沉入孟买生活后，的确能感到那种不紧不慢却一直前行的龟行速度。

当你踏上印度土地的那一刻就能感觉到她的脉动：在机场不管遇见多么紧急的事，服务员都会对你说一堆礼貌委婉而热情洋溢的废话，其实两三个字就能解决问题；孟买街市上少

第一章　最初印象

有行色匆匆的上班族，一般公司和政府机构上午10点上班，办公椅没坐热就该吃午饭了；下午两点半开始工作，3点半是下午茶时间（英国人留下的好习惯）；悠悠然细细品茶半小时后再开工，5点半下班走人。而只要下班时间一到，孟买路边咖啡座就聚满了兴高采烈的年轻人。

当地人习惯不守时，如果晚宴请帖上说晚上7点宴请，你要做好9点才开始吃饭的准备；如果有件事印度人告诉你5分钟就办好，你至少要等候半个钟头。有天我从连锁超市买菜回来，见楼下停着辆急救车，一问方知是8楼一位住户得了急病；20分钟后我下楼倒垃圾，见车子依然淑女般娴静地停在那里，毫无动静。再问保安，他认真地说，病人已经被抬上了车。虽然不了解个中原委，但是比照北京呼啸而来匆忙而去的急救车，完全是两种情形。

银行是个效率高、节奏快、强度大的工作平台，而一位与我熟识的当地银行职员却打破了这一传统形象。一次我去后台办公室找他兑换美元，发现还不如直接去前台办理快。这位仁兄是个大侃，足足花了半小时闲聊家常，从他哥哥被木头板伤了胳膊，送进医院的详细过程，到反反复复表达自己的悲伤情感，包括中间许多我听不明白的细节—总之，和我要办的事情没有半毛钱关系。

印度人的低效慢拍让我深有感触。一位朋友告诉我，她家里装网线花了3个月时间，公司技术员态度热情友好，办事效率却是极低，来她家5次才把宽带网装好：第一次看了看家中

孟买印象

的线路情况就走了；第二次人来了，却说忘记带工具，又返回公司；第三次说她家的插线板不合要求要回公司去另找一个；第四次钻头出了问题，无法继续安装；第五次谢天谢地，终于装完了……

每年雨季前，孟买许多公寓楼外都搭起脚手架，工人爬上去给楼房外立面刷上一层保护漆。这种活计一般个把月就可以结束，如果拿到中国十天半个月就能搞定，而脚手架却一搭就是一整年。架子上鲜见有人工作，架子下面倒常有工人喝茶聊天。结果，许多公寓一年到头外面都罩着脚手架，看上去像一栋栋没完工的烂尾楼。

有段时间我家突遇全楼动力电瘫痪，物业公司通知 5 天后一定修复，我们却忍受了半个多月家里没冰箱、没热水洗澡、每天上班下班爬 7 层楼梯的悲惨生活。几乎每个邻居见了我们都友好地安慰说这种事故 35 年才遇见一次，房东也经常敲门通告胜利在望，这些友好情谊减少了我的烦恼，终于在焦急中等来了通电。

20 多年前我曾随一新闻代表团访问孟买，今日再来觉得城市不仅依然故我，反而有些褪色；再看北京、上海、深圳等国内大城市，20 年如一梦，再见时恍如隔世。而孟买，即使没有那般翻天覆地，总该有些改变吧。

在对孟买多一些了解后方知道慢有慢的理由。譬如贫民窟占据了不少城市的黄金地段，但是拆迁费奇高，让开发商望而却步；再譬如海上那条半途而废的防波堤，只因附近渔民抗议

第一章 最初印象

说妨碍他们出海打鱼断了生计,便成"半拉子"工程趴在那里徒受浪打潮击。虽说工程搁置,表明在孟买即使最卑微的底层声音也会受到重视,但总觉得扔在那里几十年无人问津并不是最好的选择。

许多孟买人喜欢去海滨大道眺望大海,每当黄昏时分,大堤上总有一长溜神情安详的男女老少坐望日落。我也喜欢这种生活,悠然地坐在岸边望着夕阳无声地滑向大海,看它把最后一束金光收回,感觉着天与地瞬间重合的美妙;那一刻,心里充满了赞美,觉得生活像是透过云霞洒下的夕晖,轻盈而明亮。

这真是一种生存美,比起国内北、上、广、深大都市的紧张生活,这里的节奏似乎更加符合人类的生理和心理节律;在人生舞场上,有时候蹦迪只是宣泄,只有踏着慢三的舞步,才能领略生活艺术的真谛。

要踏准孟买的节奏才能与这个城市合拍,为此你可能要多一些忍耐。

有次听音乐会,最后一支曲子由印度艺术家搅动盆中的水声、另一位演奏者敲击当地的面鼓,与一位来自意大利的小提琴家同台合演,共同奏出了一曲《美丽的孟买》。自然优美的旋律宛如天籁,每一个音符都像一缕柔风抚平你的心情,每一段乐句都一点一滴地滋润你内心的感动。我忽然感到一个城市的脉动其实无所谓快慢,只要与人的自然心动与情志合拍就好。

踏着孟买的慢三舞步,浏览人们安详的生活,愿和平的五彩祥云永远笼罩在城市的上空。

〖不叫的狗〗

也许是小时候有过被狗咬伤的经历，在北京时很怕狗，路遇狗打架或夜晚听到邻家狗吠都会心惊肉跳。我住的小区里有几条狗有点儿神经质，些许风吹草动就会招来它们的狂吠，搞得左邻右舍入夜难眠，已经成了社区公害。

来孟买半年有余，虽然宠物狗、流浪狗到处可见，竟极少听到狗叫。富人家的名犬多由面孔黝黑的仆人牵着溜达，一副温顺样子，连高大的德国黑贝都低眉顺眼，从不会心怀敌意地死盯着行人。

刚开始看见那些无人看管脏兮兮的流浪狗很吃惊，远远便绕道走，生怕它们会无端扑过来咬我一口。后来发现它们并

第一章　最初印象

不惹事，只喜欢懒洋洋地躺在海堤上，蜷缩在街角里，或趴在汽车下面躲避骄阳。正因为它们无处不在，又默不作声，常常被汽车轧断腿或被人踩伤爪子（我后来才悟出为什么孟买的残疾狗随处可见）。有一次我和几个朋友去乱哄哄的克劳福特大菜市场买东西，身边是一个挨一个的菜摊，地上黑乎乎地扔着筐子和麻袋等杂物。正小心走路，忽然一只半大的流浪狗从身边跳起来闪电样逃开，大约是谁不小心踩到了它，以为那只是一堆麻袋。即使这样，它也只是短促地低吠了一声便消失了。

孟买的狗为什么不叫？难道都是哑巴？有人解释说因为缺吃少喝，饿得没有力气叫唤；有人认为是天气太热，为节省体力懒得出声。我曾去过几位印度朋友家做客，在客厅里转悠的宠物狗有空调送爽，衣食无忧，见了生人同样不叫、不咬，有的还温存地走过来一声不吭地趴在你脚边。都说不叫的狗咬人，在这个流浪狗遍地的城市生活了这么久，还没听说有谁被狗咬了。

有一天，我终于近距离地听到狗叫，却让我生出一种感动。

一个和风温润的清晨我去海边散步，朝阳升起，霞的光辉涌进我的眼睛。快到海边时发现鸦飞雀跳，一大群乌鸦扇动翅膀聒噪着冲向某个地方。我好奇地仰起头，看见一只乌鸦被横在空中的一条细铁丝缠住翅膀，正在徒劳地挣扎。周围，群鸦夸张地扇动翅膀拼命聒噪，显然是在吓唬高处盘旋的两只鹰，防止它们冲下来伤害同类。被困的乌鸦越挣扎，铁丝越深地勒进翅膀，更紧地将它攥住。

好心的楼门保安搬来一把椅子，站到上面用一根长树枝去挑细铁丝,想把乌鸦解救出来。在他下面,一条瘸腿流浪狗蹒跚地走过来仰头观看。这条老狗我很熟识,几乎每天晨练时都会谋面。它大概不懂"好狗不挡道"的道理,经常横卧在小区道路中央,永远半眯着眼,似乎在睡梦中抚今追昔。从没有人干涉它,即使送水的罐装车也都自觉地绕着它身边走。

楼门保安试了几次都没成功,对我们耸耸肩,表示救助乌鸦工作完全是徒劳。当他跨下椅子时,老瘸狗忽然对他叫了两声,声音不大,而且戛然而止。

保安无奈地向它摊开双手,老狗圆睁双眼又执拗地叫了几声,声音严厉而执着。保安一脸尴尬,只好再去想办法。我虽然没等到剧终就离开了,但那只被困乌鸦绝望的眼神让我牵挂,日暮时又返回去看个究竟。有目击者说最后是保安扛来梯子救下了乌鸦,乌鸦虽然翅膀受伤,但是没多久就恢复体力飞走了。我松了口气,心里除了感激保安,更感激那条残疾的流浪狗。

印象最深的是这条老瘸腿狗常和一只流浪猫无声地依偎在一起,一副"舐犊情深"的模样。两个并非同类的生灵却能相依为命,看上去内心世界宛如湖水莲花一般温馨宁静。我很少看到狗与猫如此相亲相爱,印象中,猫和狗的关系总让我想到法国哲学家让·萨特的名言:他人即地狱。而这只老瘸狗,却让我改变了猫狗见面仇的惯性思维。

记得在北京街头散步时,看到有些狗只要路遇小猫,一定要夸张地大吼大叫,非要将猫咪逼仄上树而后快。我心中常存疑问:富贵人家的宠物狗们个个锦衣玉食,毛发梳理得油光锃

第一章　最初印象

亮,何以时常处于紧张状态,一只小猫咪就让它暴跳如雷?

而在孟买,那么多流浪狗吃了上顿没下顿,或"缺胳膊少腿"身带残疾,为何会如此平和安详地横卧在路上,目光温和地与小猫、乌鸦、鸽子们一起享受沉醉的海风?为什么它们从不大呼小叫,只喜欢横卧在角落里安静地做着美梦?为什么它们看上去幸福指数更高?

一个清晨我来到海边,海水退潮后裸露出黑褐色浅滩,没来得及游走的小鱼小虾吸引了大批白鹭,它们远远地站在浅滩处,时而款款细步,时而伸出漂亮的长脖子在水里觅食,优雅的姿态让人赏心悦目。我连忙拿起相机,希冀留下它们的倩影。近前的一只白鹭只顾缩着脖子观察水面,或者弓着身子一味低头觅食,拍出来并不怎么有趣。如果扔个石头过去,它一定会惊起,抓拍它振翅起飞的一瞬,也许会有"晴空一鹤排云上"的诗情画意呢。想着,我拣起身边一块带棱角的石头走向海边,正待投出,忽然感到背生芒刺一般,好像周围的人正用责备的目光盯着我。左右巡视一番,并没人注意我的举动,那些神态安详的印度邻居们依然在惬意地散步。

我忽然心生罪恶感。白鹭在水里觅食,这是它最真实也是最美丽的自然状态;如果人为地惊飞它们,只能让其在惊恐中逃命而去。世间万物生灵都有自己的自然状态,为什么要人为地打扰它,惊吓它?设计它?我扔掉石头,忽然悟出了孟买的狗为什么不叫:最根本的原因是它们不紧张,内心拥有安全感。孟买人用尊重和谐的态度对待生灵,从不打扰的它们的自然生活。乌鸦和鸽子在窗台上聒噪,没人将它们轰走;白鹭在浅滩觅食,没人惊扰它们;即使一条流浪狗横卧在道路中央,人们宁愿绕着走也不会把它赶开。那些流浪狗虽然身患残疾,食不果腹,却可以在穷困中尽享轻松愉悦,带着平和的心境进入梦乡。

　　幸福,不一定源自物质富足,尊重,将给身边的生命和自己带来无限幸福与宁静。

第一章　最初印象

〖夜之声〗

每个城市都有自己的夜声，如果你心静如处子，就能领略到夜幕下城市特殊的响动。当岁月荏苒繁华落尽，记忆中的夜声却沉淀在心灵深处。回首所到城市，那些夜声或亲切、或温馨、或爽脆，都给我留下难忘印象。而孟买的夜声，有种惬意，有种古怪，甚至，有些"诡异"。

夜之声是一个城市恒久的、与众不同的呼吸；是偶尔失眠时敲打你神经那种熟悉的音响。从前的我在北京，夜晚常听到西单电报大楼《东方红》乐曲的报时钟声，那是一种能够穿透岁月的夜声，像母亲的呼唤带给人安全感，也带给我童年闲适而快乐的美妙时光；后来在重庆临江小住时，疏烟淡月里江轮的汽笛声时断时续,袅袅余音像北方的晨雾一样四处飘散;行走云南住在丽江古城的纳西木楼上,夜不能寐时将双手枕在脑后,听小巷里木轮车在石板地上发出吱吱呀呀清空的声音,像愉快的空气一样环绕在周围……

孟买也有她独特的夜声。刚来时正值旱季,每当凌晨,总会听到窗外由小到大由弱到强的声音。初起时如软语轻哝,朦朦胧胧,缭缭绕绕,然后连成一片,此起彼伏如千顷波浪万壑松涛。被这奇怪的声音惊起,我靠近窗口望去:月光素洁,夜幕下的街道上反射出一片雪样微光,此刻的你即使有纷繁心事也会变得心静如水。月光仿佛有种神秘力量,把那些栖息在树枝上、屋檐下、窗台上的乌鸦吸引过来。这些孟买的精灵们从梦中展开翅膀,像黑色的闪电在院落中、枝叶间和街道上叫着,飞翔着。我恍然觉悟,原来那种奇异的声音来自乌鸦的呱噪,它们一只只,一群群,一片片,把其它鸟儿也从睡梦中吵起,在一片浑茫中形成了高高低低的声海。这声音让你恍如置身于兴安岭的大森林,或是从贝加尔湖边松木清香的木屋里醒来的早晨……

日复一日,有这惬意而独特的夜声陪伴着,我在孟买度过了无数个黎明前黑暗的时光。

拥有三千万人口的孟买绝不是一个安静的城市,除了惯常的乌鸦鼓噪,常常会听到些古怪的夜声。譬如半夜时分,会被一阵骇人的声音惊醒,这声音似猛鸷像怪兽,倏忽而来又瞬间消失。因为要搞清楚真相,有几次一俟听到动静立刻跳下床直奔窗户。而窗外,竟是一片宁静,远处海滨大道倒映在海里的灯光

第一章　最初印象

宛如梦中苏醒的眼睛。我执拗地倚窗而望，一直没等到怪声出现，待返回床上时声音又倏忽而过。后来终于真相大白：一些年轻人喜欢半夜骑摩托飚车，载着时髦女友轰鸣而过，孟买许多街道上都有他们的劣迹。夜里车少人稀，飚起车来自然很爽，可也该照顾一下周围的居民吧。

半夜里还有马车不时从楼下经过，"达达"的马蹄声让人想起狄更斯笔下的著名场景：一辆挂着车灯的华丽马车从浓雾中走来，马蹄踏在18世纪伦敦凸凹不平的石板地上发出清响。后来才知道那是孟买城市的观光马车，每临入夜便集体出动。马车装饰绚丽耀眼，俗得夸张可爱，载着游人绕南孟买转一圈要400卢比。孟买一入夜，路灯暗淡店铺打烊，到处黑灯瞎火的，不知车上的游客观什么光？也许仅仅只为了"兜风"？

另有一种奇怪的夜声经常在黎明时分搅扰清梦：不知来自何处的高音喇叭声，似唱歌像诵经，分贝之高让人疑心有广场集会。听得多了，竟听出声音里带着几分神圣和忧伤。后来终于找到源头：那声音来自社区小"寺庙"，印度教徒祈祷的地方。孟买寸土寸金，信徒们只好在公寓楼里找间房子代替庙宇。一些社区公寓的底层都辟出一间洁净空屋，摆放几尊金碧辉煌的神像，供善男信女们膜拜，一如乡下村头的小寺庙。每个凌晨都有穿戴齐整的教徒脱去鞋子，小心翼翼走进屋内合掌致意。佛说，前世的五百次回眸才换来今生的擦肩而过。虽然觉得吵闹，却也为他们不屈不挠的虔诚感动。

孟买是一个自由城市，自由到可以随地便溺，随时跳下公

孟买印象

交车,随便停车。居民的宽容度超乎想象,大家都默认享受自由的同时也要忍受没规矩的痛苦。呆得久了,我的心也变成了宽敞的宅院,任由身边的各种声音进进出出,不会让它们稍做驻留。

也许多年后,我会像存储北京电报大楼的钟声一样,在记忆里收藏起这些奇异的夜声。

第一章　最初印象

〖海滨大道〗

三公里长的海滨大道（Marine Drive）沿巴克湾蜿蜒伸展，堪称孟买地标。几乎每一个来孟买的游客都会首先从画册或明信片上认识它。每当入夜，澄蓝的天上托出密密的星，这里便华灯齐放，将鸽血红、兰卡蓝、祖母绿的光彩，一起倒映在黑漆漆的海水里，宛如一弯璀璨的宝石项链，于是，大道也就有了"女王项链"的别称。

刚来孟买时正值雨季，一个傍晚突遇暴雨如注，密密匝匝的雨点编织成瀑布泼洒下来，雷电化成火龙，在漆黑的海湾上蜿蜒起舞。一道道电光火石般的闪亮令人目眩，也让大地颤抖。即使躲在海滨大道旁厚厚的楼房玻璃窗后面，我也结结实实地

孟买印象

体味了什么是恐惧。翌日清晨，从报纸上得悉在当晚的暴雨中，有三个人在海滨大道上遭雷击身亡。我很惊讶，思忖着他们也许是来不及避雨的外地游客。当我拿着报纸去询问饭店服务生时，他表情淡然地说，这是常有的事，很多本地人喜欢晚上在海滨大道上闲逛，突遇雷雨就可能遭遇不幸。

我感到奇怪，海滨大道旁的屋宇楼房近在咫尺，暴雨之前风满楼海掀浪，明知会遭遇雷暴，为什么不事先躲避？如果是本地人就更加令人不解，难道他们不知道雷雨天走在大坝上十分危险？难道他们不知道已经有许多生命被雷雨中的海滨大道吞噬？

几天后再遇暴雨，我透过落地玻璃窗，看见一对青年男女撑伞端坐在大道堤坝上固执地接受狂风暴雨的洗礼。暴雨肆虐，狂风宛如一位苦难的母亲，执拗地用粗砺的双手摇撼着天与地。一刹那，他们黄色的伞被雨点击穿，连同身影一起被雨雾吞没。我的心被倏忽提起，为这对年轻情侣担心。十几分钟后，当雷霆般的风雨喘息着停下时，我看到，那俩人依然端坐在原地纹丝不动。

都说印度人对死亡有着不同常人的坦然，并赋予死亡海市蜃楼般的美好憧憬，因而对生死更达观、更深沉、更平静。而作为平常人的我却不能完全认同：天底下哪有比生命更值得赞美和珍惜的东西？都说印度人崇尚哲学思考，喜欢沉思生命，可是没有了肉身，拿什么去承载丰富的精神世界？对他们的举动我只能解释为，海滨大道确实是孟买人心中的圣地，即使再暴虐

第一章 最初印象

再恶劣的气候,也不能将他们与这条大道分离;或者,他们对大道倾注了无限热爱,从不认为它会冷酷无情地吞噬生命?

孟买人对海滨大道的爱不仅来自它的富贵美丽,还在于它虚怀若谷包容所有,从不分高低贵贱。

清晨,大道上聚集了众多市民:有的坐在堤坝上悠闲地读报,有的盘腿面向大海双目紧阖,平心静气中聆听海的声音;几个头戴白帽的穆斯林高声诵经,一些年轻人说笑着在海边聚会;两三个商人在探讨生意问题;更多的人结伴在大道上为健身疾步行走,直到浑身大汗淋漓。许多人开车从市中心过来,把车子往路边一停便加入了晨练大军。一个雾气迷蒙的早晨,我们还用相机捕捉到一个白须白发赤裸上身的宗教人士,盘腿坐在大坝上认真读报;他那带着原始风的装束和远处现代化楼房形成鲜明比照。

而就同在一条大坝上,衣衫褴褛的流浪汉仰天酣睡;满脸疲惫的乡下人把背包枕在脑后,轻松小憩;清洁工、仆人和小贩们聚在一起闲聊,乞讨者在人群中从容穿梭,肮脏的流浪狗蜷缩在大坝脚下进入梦乡。这里几乎是孟买唯一一处没人前来干涉,没有规章限制的风景胜地。

黄昏时分,大道上聚集了更多的男女老少。前来的人们不分种姓,不分种族,无论宗教信仰,都可以坐在一起欣赏美景,沐浴海风,尽享大自然丰厚的馈赠。这真是一条价值连城的大道,给予了孟买人多少美妙的清晨和黄昏。

印度社会事实上一直保持的种姓制度将人群森严地分成

孟买印象

三六九等，孟买的高档酒店、收费公园不成文地使低种姓人望而却步。而海滨大道向所有人敞开她的美丽：落日熔金，云层里透射出万缕金辉，白色鹭鸶成群起舞，剪开玫瑰色云霞；大海远处帆影点点，渔舟唱晚；无论贵贱贫富，无须破费一分钱便可以卸下一天的疲惫，尽享人间美景。这真是一条民生民主的大道，将自己无私地献给全体孟买人。

海滨大道历经百年沧桑。从一本挂历上，我见到英国殖民统治时期大道的一些老照片。那时的大道路面狭窄且坑洼不平，道旁没有错落有致的高楼广厦，颇显荒凉。撑着洋伞的印度贵妇挽着英国绅士派头先生的胳膊，表情高傲地走在夕阳落晖里。这条大道是1902年利用海埔生地修筑而成的，人们沿海滩投下许多开采出的大山石，日积月累，堆积出一条高出海面4米多的大坝。100多年来海滨大道不断修葺，铺就了石砖便道，一直是这个城市人们休闲的好去处。

都说城不在大有圣地则名，而孟买没有任何值得炫耀的古迹，没有古老寺庙，没有著名石窟，更没有泰姬陵那样的鸿篇巨制；她不过是400年前从一个小渔村成长起来的海港城市，只有孟买（Mumbai），一位古代女神的名字，为她增添些许神圣的光辉。而我知道海滨大道，因了她的美丽，她的平等待人，成为孟买人的骄傲，成为他们心中永远的圣地。

第一章　最初印象

〚房东先生〛

我们的房东拉塔先生50多岁，生得高大魁梧，性情豪爽热情。第一次见到时他身穿一件银灰色巴伯瑞T恤，神气十足地从一辆簇新的白色丰田大越野上跨下来，两分霸气外加三分暴发户派头。他说自己喜欢中国，喜欢中国人做他家的房客，称自己的公司在中国投资10亿美元，做电站项目，在北京和上海都设有分公司，甚至夸口如果我们有亲戚在中国不好找工作，可以投奔他的北京分公司。我却总疑心他有些吹牛，思忖着如果能在中国投资10亿为何还要住公寓楼，早该去另一富人区玛拉巴山一带买地建别墅了。

无论如何，拉塔先生在孟买算得上名副其实的中产。他在

孟买印象

南孟买富人区拥有三套100平米住房,四辆不同牌子的高档轿车,家中还有三个仆人。一家四口生活得很滋润,购物去迪拜,旅游去清迈,还经常向我们打听海南岛的旅游设施和价格。我们这片富人区房价奇高,均价每平米10万到15万人民币(在孟买按套内面积计算),如此算来,他至少拥有3000多万人民币的不动产。

上世纪七八十年代印度经济迅猛发展,孟买成为亚洲最繁荣的大都市之一,发了财或继承大笔遗产的人纷纷在海边黄金地段买下海景房,因为有钱人少,价格也不贵。按拉塔先生的年纪应该属于上世纪90年代印度经济改革后发达起来的,彼时房价已涨,沿海好地段基本名花有主,公寓楼只能向岛内纵深发展。拉塔先生租给我们的住房是一套90平米,格局老旧的两室一厅,只有一个朝向的窗户可以勉强望见海湾一角;房子装修简单,铝合金窗框、窗式空调和罐装煤气都给人强烈的怀旧感,冥冥中仿佛一夜回到了80年代的北京。这样的房子一月租金要12万卢比(约15000元人民币),拿到北京可以天天享受星级宾馆了。

来之前就听说孟买房价贵得离谱,已经高居世界最贵房地产城市前10位,来后才知道并非天方夜谭。听说过1万人民币买1平方英寸住房的神话吗(1平方英寸!)?孟买有,还是塔楼,在2007年房价炒得最高时卖出去了。

房价贵带动房租上涨,孟买房租贵得让人咋舌,吓退了不少希望来印度拓展的外国公司。更为苛刻的是按照这里的惯例

第一章　最初印象

房租必须年付,甚至两年付,否则还要加码。由于房租是年付,拉塔先生在与我们签合同时就拿到了上百万卢比,舒舒服服地去银行吃利息了。

我们搬来后拉塔先生不时跑来嘘寒问暖,还仔细检查门锁,嘱咐我独自在家时不要随便开门,有情况可打开门上巴掌大的小窗观察。后来发现白天时常有人敲门:每天来送垃圾袋的保安,从门缝塞小广告的,送菜上门走错的,还有附近学校搞慈善活动的学生……我遵嘱一律与他们隔窗对话。拉塔先生是个精力充沛、热情似火的房东,前一段全楼断电,大家都很恼火,一天半夜12点他把我们从睡梦里敲起来,兴奋地通知说明天通电。事实证明他的情报很不靠谱,过了5天才接通了动力电;还有一次他带了几个电工来查看电路,发现有墙皮剥落,怕我们住着不爽,提出要把房子重新粉刷一遍。我立刻婉言谢绝,心里说拜托,能不能让我们清静些!

拉塔先生的热情遇到经济问题立刻变得精明而理智。孟买多数公寓都装着窗式空调,有些像上个世纪80年代国内那些火柴盒形的老楼房。我们卧室的空调开起来噪音像坦克,凉季还好过,等3月以后天气转热湿气弥漫需要天天开空调,听那声音岂不等于整夜睡在轰轰烈烈的战场上?当我们向拉塔先生提出换空调时,他立刻回答没问题,不过买新空调的钱要各出一半,租房合同上没有注明空调问题,让他逮住机会钻了个空子;另一次因为车位过小我们要求换个大些的,他满面带笑着说可以,但是要求我们全部付费;在一次闲聊中他不住地称

孟买印象

赞物业公司新装修的楼道多么高档,然后通知我们该涨房租了;最让人哭笑不得的是,这位坐拥千万美元资产的富裕商人,为了让我们结清10美元的电费,可以大清早就屈尊来敲门!

  友情和生意水火不融,这让我想起街角处卖水果的小摊贩。几个皮肤黝黑的小伙子听说我们是中国人,立刻热情地说,"中国是个好国家,我们喜欢中国。"一个小贩还自豪地说他哥哥去过上海,那城市很漂亮。感动之余,我却很快发现他们卖给我的木瓜出格的贵,比超市贵一半。一位做旅店生意的台湾商人说,你和印度人做生意不要想着占便宜,只要自己不太吃亏已经念佛了。我由此明白为何多数中资企业在孟买都会搞得鼻青脸肿,以亏损告终。

  每次拉塔先生离开我家时喜欢热情地与先生拥抱,大声说:"我们是好朋友,是兄弟!"然后狡黠地笑着提醒:"别忘了,该涨房租了。"后来听说和他签定的合同是几年前的价格,现在房租飞涨,他收的租金已经是比较低的。

  这样看来,拉塔先生还算是厚道的。

第一章　最初印象

〖健身在孟买〗

或许孟买这方土地异常肥沃，每一种生灵都将自己无限放大：各类植物粗枝大茎，花肥叶硕。路旁的一棵芙蓉树，洒落在地上的粉红色落英竟然大如小孩子的手掌；各种动物也似乎秉承了更多的阳光雨露，乌鸦鸽子健壮饱满，老鼠长成小猫大，就连雨后在路边慢吞吞爬行的蜗牛都大如核桃，用树枝一碰，待它将身体全部缩回壳里至少需要 20 秒……与此相反，在孟买生活的人们却不那么自在，2000 万人拥挤在 438 平方公里的土地上，操场和绿地成了奢侈品，要想保持健康的精神和体魄，并非易事。

刚到孟买时晨起去海滨大道溜达，看见许多人足蹬清一色

孟买印象

白色旅游鞋行色匆匆，有的拿瓶矿泉水，有的塞着耳机，有的边走边接听电话……尽管步伐疾徐不一却方向一致，好像被一根无形的绳子牵引，不由自主地大步前行。我疑心遇见赶集或有什么宗教活动，经询问才知道他们是在晨练。这些人看上去多为中产白领，脚上的旅游鞋就是佐证，能享有产自印度本土的"耐克"、"锐步"等品牌，须有一定的经济实力。

在孟买找个健身的场地实在不易，虽然临海，游泳却是一项昂贵的体育运动。沿海没沙滩又污染严重，只有少数五星级酒店和健身俱乐部设有游泳池。为节约用地，酒店的游泳池有不少设在楼顶，或者二层三层平台上；有的小型泳池只有4×6米，看上去比澡盆大不了多少。孟买有各种健身俱乐部，会费昂贵，著名的威灵顿俱乐部一年会费需要40万卢比，且手续繁杂，除了填写各种表格还需要两名会员推荐，一般中产人士被排斥在外。孟买的住宅社区很少有健身会所，多数社区仅仅是一圈高墙围住一两栋楼房，只有富贾贵胄们的顶级小区才有一小片草坪、几棵参天大树和一方游泳池。所幸这里没冬季，人们尽可以在户外运动。

于是，疾步行走成了中产阶级钟情的锻炼方式。这个城市到处是见缝插针的袖珍公园，在楼房之间开出一方绿荫如盖的小小园林，有沙石铺路，有长椅凉亭，风过时绿叶沙沙，雨落后花树如洗。清晨把细细碎碎的阳光透过树叶花洒在小路上，早有男女老少自然成行，顺时针地鱼贯而行。虽然园子狭小局促，多转几圈也会大汗淋漓。

第一章　最初印象

　　海滨大道更是晨练的好去处，往往你方唱罢我登场。运动者多来自住在城里的富裕家庭，低种姓穷人一般住郊区，早上起来要匆忙赶火车进城上班，哪有闲暇晨练。白领们有的结伴而行，有的全家驱车前往。年纪大些的在脖子上挂条毛巾，边欣赏海景边行走；年轻人喜欢伴着耳机音乐情不自禁地和拍起舞，有的还会忘情地大声哼唱。海滨大道不长，走到尽头时再走回头路，大家同时返身迈腿，齐刷刷的动作仿佛士兵听到了号令一般。一些退休老人相约来聚，出完汗还要坐在海边聊天消磨时光。孟买天热潮湿，很少见到有人跑步锻炼，这种"转磨"式的晨练成了孟买一景。

　　除了锻炼身体，孟买人也很重视精神层面健康，练瑜伽成风，瑜伽俱乐部遍布大街小巷。许多公司白领一俟下班便赶赴俱乐部，盘腿坐在瑜珈室的小垫子上，双眼微阖，一任教练员悠长而缓慢的声音在周遭环绕：放松，微笑，感觉，舒适……另一些人则面对夕阳长时间坐在海滨大坝上沉思冥想，一方面思索人生意义，一方面清空蒙尘心灵，净化灵魂。

　　印度人对死亡研究深彻，将生与死平衡地放在人生天平的两侧，所以印度伟大作家泰戈尔才能吟唱出这样的诗句："生如夏花之绚烂，死如秋叶之静美。"生与死同属于生命，生亦华彩死亦美丽，只有消除了对死的恐惧才能远离疾病。印度医生给你的养生建议不是吃什么营养补品，往往是练习瑜伽，学会放松心情，消弭紧张情绪。许多孟买富裕和中产人士是"大笑俱乐部"的成员，清晨他们经常活跃在楼前楼后的草地上，进行

孟买印象

集体活动。成员里有老有少，相对而站，伸出双臂做一些简单的动作，然后哈哈大笑；有时候也一起拍手，一边大声说话。他们从最初的假笑变成真笑，继而放声大笑，把心底深处的忧郁和怅惘宣泄出来，任其随风消逝。只有抛弃尘世上诸多烦恼和纠结，才能使生命更加光彩。

印度人认为精神健康要有饮食健康做保障，与此相关的是许多印度人坚持素食主义。他们认为酒肉乱性，使疾病丛生。尽管每个人的生命都是一段百感交集的旅程，但这些素食者向往排除杂念心如止水的宁静，以便在旅程中可以全身心地思索生命真谛。许多耆那教徒更是严格的素食主义者，不仅拒绝肉蛋海鲜，甚至远离土豆、萝卜、红薯等成熟在地下的蔬菜；认为这些根茎类蔬菜没有经过阳光哺育，像鼹鼠一样在地底下生长，不够光明正大。总之他们只吃在阳光沐浴下成长起来的植物。如果你不幸患病去医院求医问药，会发现一些印度医生反对用药物干预健康，常常规劝你远离肉类，坚持素食，多喝新鲜的椰汁、橙汁，等等。

在孟买居住一段时间后，我发现无论从贫民窟走出的渔民姑娘，还是那些提着黑皮包衣着光鲜的公司白领，很少有谁鼻梁上架副近视眼镜。仿佛每一个擦肩而过的印度人，无论脸颊黝黑或者皮肤白皙，都有一双水灵灵的大眼睛。据说印度人的近视率只有10%，即使孟买大学里的莘莘学子也很少戴眼镜。究其原因，我以为首先是这里乔木丛生四季皆绿，对眼睛有良好保护作用；另外也许由于印度人的素食习惯，减少了眼底病

第一章 最初印象

变的几率吧。

只可惜孟买人酷爱甜食,对奶制品和甜点蛋糕格外钟情,虽然素食,却喜欢油炸食品,富裕人家胖子多,中产人士年过40凸肚者甚众;再者,大多数孟买人晚饭过迟(印度教徒21点以后,穆斯林教徒22点以后),致使肥胖者日益增多。好在越来越多的智者已经意识到不良饮食危害,跳出陋习窠臼,让城市有了一种更加健康的生活。

孟买印象

〖宝莱坞的童话〗

宝莱坞电影基地是孟买的骄傲，一般人很难进去参观，听说有的外国游客故意在那一带晃来晃去，想办法让星探看上自己，以便充当老外群众演员混进去。还好我们很幸运，有机会直接造访。

在孟买居住经常从电视里浏览印度节目，看得多了，发现宝莱坞电影有些老套雷同：不是倒霉的恋人历经风雨最后终成眷属；就是婆媳大战，互相使绊小算计；要不就是婚姻出轨，媳妇贤惠隐忍，小三年轻妖娆，经过漫长的剧情演绎后男主人公终于改邪归正。剧中对白冗长，还穿插着大段大段与主题毫不搭界的歌舞表演。在我看来，印度影视剧似乎很少涉及国内严肃问题，例如贪腐、失业、贫困，等等，只喜欢在歌舞升平中谈

第一章　最初印象

情说爱。在国内看惯了源自生活针砭时事的鸿篇巨制,感觉印度电影确实与我们不一样。

尽管影视剧不太反映实际生活,但画面上的俊男靓女、豪宅香车确实别有风味、吸引眼球。印度美女秉承亚欧人种的优秀遗传,个个光彩夺目,熠熠耀眼,美得让人窒息;再加上一袭珠光宝气的鲜艳莎丽,颈部围绕着镶嵌红绿宝石的包金项链,胳膊上套着闪亮的赤金扭麻花镯子,金灿灿的实在养眼。此外,场景道具也很特别,即使表现中产家庭,其装潢奢华与英国王室也有一拼。我看过一部有关婚外情的故事片,妻子站在豪华别墅的巴罗克阳台上,目光哀怨地注视着丈夫和情人在游泳池边卿卿我我。庭院里耸立着洛可可古典喷泉,雪白大理石镌刻的小天使雕像栩栩如生,丝丝缕缕的水线在阳光里微微闪烁,映衬着璀璨的蓝天宛如仙境。

富丽堂皇的画面让人忘却了窗外现实:骄阳下光着脚板挽着裤腿的"贱民"在卖力擦车;不远处有一大片垃圾成堆臭烘烘的贫民窟窝棚;四肢不全的乞丐从车窗外向你伸出黑黑的脏手,路边横躺着骨瘦如柴一无所有的流浪汉……这一切在五彩纷呈的绮丽画面中烟消云散,现实生活经宝莱坞的一番加工改造,就变成了美丽童话。

4月的一天,我们终于有机会走进位于孟买北部的造梦工厂宝莱坞。据说早年间不知哪位仁兄看过美国好莱坞后,非要把"好莱坞"(Hollywood)的"H"换成了孟买(Bombay)的字头"B",就成了"宝莱坞"(Bollywood)。孟买是印度电影的诞

35

孟买印象

生地，最初是无声电影，后来在 20 世纪初加上了马拉蒂语对话—印度最古老的电影配音。如今这里每年出品 1000 多部电影，就数量来说为世界电影工厂之冠。

真到了宝莱坞，激动之余又不免有点儿失望。一座半旧的白色 5 层楼就算主体建筑了，走进去看到的是小会议室墙上贴着历年优秀的宝莱坞影片剧照，我竟从中发现了 30 年前风靡中国的影片《流浪者》，主人公拉兹的扮演者已经成了印度电影界教父级人物。走出楼门，面前的树影里有一大堆人在忙活：打灯光的，提台词的，化妆的。刺眼的阳光下尘土飞扬，草地上随便丢弃着废纸盒和塑料瓶子，几个穿着夹脚拖鞋的孩子跑来跑去……片场助手们拖着陈旧的拍摄器材四处定位找角度，很佩服电影人在如此凌乱的环境里拍出了天堂美景。

两位漂亮女演员在一辆簇新汽车旁表演，情节似乎是一位商人太太从汽车上下来巧遇闺蜜，不免凑在一起聊天叙旧。只看这一幕就感觉夸张：两个普通女性逛街聊天，不仅打扮得珠光宝气，还要华服美冠，头戴鲜花。其实在现实生活中很少见女人穿莎丽开汽车，试想，铺陈到脚面的莎丽不仅妨碍踩油门，也不方便对付突发情况。看起来宝莱坞并不在意是否合乎现实，一切只为了取悦观众。

宝莱坞影城占地面积极大，室外摄影场不仅有农庄、寺庙、别墅，还有森林、湖泊和群山，开车停停走走了一个多钟头只看到冰山一角。从车窗向外望去，路边草丛里散落着废纸片玻璃瓶，旱季里树叶上沾满灰尘；一些用来做拍摄背景兀立在

第一章　最初印象

山上的建筑已经破损，门前胡乱地堆着沙土——真不敢相信每年就是从这里诞生出 1000 多部电影。我曾经担心这么高产的电影会有销路问题，一次翻看印度经济杂志《Forbes》，报告说 2012 年印度有 650 个频道落地。650 个频道，要填满它们需要多少部影视作品。此外，孟买还有大量的电影院，包括亚洲最大的 IMAX 圆顶剧院。许多电影节会热闹整整一年。难怪宝莱坞电影成了"皇帝女儿不愁嫁"！

在孟买生活期间，凡是我问到的印度朋友都异口同声地说喜欢宝莱坞电影，并为之骄傲，只有一名清洁工说虽然喜欢，但没时间看。他家距离市区几十公里，每天天黑才回家，累得只想倒头睡觉。

烈日下，汽车载着我们驶过一条山间柏油路，盘旋而上宝莱坞的制高点。从这里可以俯瞰影城的全部景色。山下的树林一直绵延到水库边，可以看到湖水另一边的远山。山顶建有一栋白色小楼，也是一个巨大的摄影棚。棚内四周是金光闪耀的墙壁，顶部垂下豪华枝形水晶吊灯，那些雕花门廊、扶梯栏杆，还有门外的凉亭水榭，让人误以为走进了某王宫。这里在拍摄一个家庭片，富二代的小夫妻俩正在争论，各执一词，然后是气度不凡的老父亲上场，为他们评判是非。宝莱坞真是造梦高手，如此金碧辉煌的布景道具，把一个家庭问题片拍成了城堡里的童话故事。

有人说印度电影是为印度人自娱自乐而生，颇像麻醉剂。在中国，"不真实"是对一部影视作品的严厉批评，而在印度影视界则不需要为此操心。一位印度电影人说，"人们需要电影来

孟买印象

逃避现实，我们向观众出售的是他们想看的梦境。"孟买影院的票价比较便宜，高档影院200多卢比一张票（相当于30元人民币），条件差些的三、五元人民币就可以看一场；无论富贵贫穷，人们只管看，并不把豪华奢侈的场面与自己的生活挂钩。很佩服印度人面对银幕华贵生活的平和心态，在他们眼中电影只是安慰剂，只管抚慰现实伤痛，并不激励人们去改变什么。2009年风靡全球的影片《贫民窟的百万富翁》取材于孟买贫民窟生活，这一励志作品遭到孟买下层人士的抵制，贫民窟居民们举行示威，要求影片改名字，认为侮辱了他们的生活。说实在的当地人并不喜欢这部由美国公司拍摄反映真实生活的影片，因为不符合他们的审美情趣。比起好莱坞拍摄的《贫民窟的百万富翁》，印度人更喜欢宝莱坞拍摄的轻喜剧《三个傻子》。

生活不尽人意，人们需要童话来解脱。我有个朋友，被自己的婚姻和工作问题搞得很纠结，整日愁眉不展心情郁闷，甚至说想死的心都有了。后来她开始倾心创作童话，在各种儿童刊物上发表童话故事，心态逐渐恢复正常。她告诉我，童话创作可以帮助她逃离现实，在蓝天白云、阳光花朵的虚幻故事中寻找快乐和幸福。即使身处悲惨境地，经过正面情绪的不断刺激和叠加，真的会感觉幸福和快乐。我想宝莱坞电影也是秉承了这一原则，让人们坐在电视机前忘却理想与现实差距，无视愿望与处境的鸿沟，坐上飞毯快乐地在童话世界遨游。

让美梦照亮现实，让生活充满色彩。宝莱坞电影是人们心灵的润滑剂，社会的稳定剂，也是印度最美丽的一张名片。

第二章　日常生活

〖购物在孟买〗

　　一个现代化城市如果缺少商店，就像草原上缺少花朵，夜空里没有星星。刚来孟买时发现这里商店少得可怜，立刻升出一种被抛在荒郊野外无依无靠的失落感。对女人来说，最郁闷的莫过于没地方施展侃价才能，无法享受血拼之乐。商店是现代女性的乳汁，离开了就像孤儿一样萋萋惶惶，直到找到它才算找到母亲温暖怀抱—即使天崩地裂世界轰毁，只要还剩下一家商店，依然会感到心里踏实。

商店在哪里

　　我曾在孟买街头踯躅良久，半小时之内居然找不到一家像

孟买印象

样的商店，深感这座国际大都市空负虚名。后来终于在居所附近发现了一家不大的小型连锁超市Nature Bascket，进去一看激动不已，竟然见到了久违的鸡蛋和肉类，还有青椒、黄瓜、土豆、西红柿等红红绿绿的蔬菜。Nature Bascket在孟买一共有8家，均设在富人区。小超市里虽然商品种类不多，每一种想多买也没有，却让你有一种"找到了组织"的归属感。

此后很长一段时间，这家小超市就成了我家的"救命稻草"，凡有需求均要在那里解决，也因此翻来覆去天天只吃那几样菜。后来消息传开，一些同事纷纷托我在小超市买鸡蛋和虾仁，据说他们住所附近只有推车卖菜的，吃了几个星期的绿色蔬菜，脸都吃绿了。

在孟买购物需要有探索者的勇敢，猎犬的敏锐和精卫填海的恒心。来之后因为想买面镜子，在最富裕的南区转了几个来回都没发现一家百货店，正当绝望之时，误入对面银行旁边一个没有任何招牌的小门脸，才发现里面别有洞天，竟是个货品齐全的百货商店。进店后随便一扫描就在某些杂物下面发现了两面包装破损的镜子，取出一看，竟是中国制造。此时方知道，世界上最遥远的距离不是生与死，而是商店就立在你面前，你却不知道。

在孟买有些东西是踏破铁鞋也买不到的，譬如长筒丝袜，概因妇女穿莎丽时拖曳到脚，长丝袜好看却一无所用；再比如鞋垫，孟买人终年穿着夹脚指头凉鞋或拖鞋上街，要鞋垫作甚！最让人扼腕的还有猪肉，在孟买几乎买不到，即使买到做出的

第二章　日常生活

菜品味道也是怪怪的。印度人一部分不吃猪肉（穆斯林教），一部分不吃牛肉（印度教），鸡肉就成了主打菜。其他大凡中国有的商品这里几乎都有，就看你有没有探险家哥伦布那样的天分。市中心有一家巨大无比的克劳福德大市场，有商品万千，堪比浙江义乌小商品市场，只是里面既闷热又肮脏，前去购物需要有一不怕苦二不怕脏的大无畏精神。

后来才知道，孟买的现代化大商场、大超市都集中在北部。曾去过北边一个大型超市 Inorbit mall，拥堵混乱的交通让我们破费了三个小时才从车缝中杀出条血路勉强到达。一俟看到超市里大理石闪光的地面和亮晶晶的玻璃柜台，一股温暖的喜悦便立刻从心底涌出，竟想起一句歌词："我走遍十万大山，不为敬佛，只为靠近你的温暖……"而当疯狂购物后，提着大包小袋望着拥堵不堪的街道又不禁脊背发凉，暗自发誓在孟买一定要消灭血拼的不良嗜好。

富人怎样购物

据说北部大超市针对的消费群体是中产阶级，而南部富人区多以小商店为主，这让我不得其解：难道越有钱的居民购买力越低？难道南孟买的富人不食人间烟火？一直听说当地富人们喜欢去迪拜购物，有的一个月就要飞个来回；不过只买针头线脑、鸡蛋青菜难道也要买张机票来回折腾？

后来终于发现了他们购物的秘密：基本靠电话预约，在家中等待送货上门。我家楼道里经常有上门兜售水果蔬菜、面包鸡蛋的，都是通过电话预定。黑黑瘦瘦的外卖员头顶大笸箩在楼里穿梭，准时准点地把菜品水果送上，然后恭恭敬敬地从客户手中接过钞票。对门女邻居见我们经常早出晚归，主动要求为我们代买鸡蛋，而且不肯收钱，让我好好地感动了一把。

当地富裕女士们上街喜欢逛一些具有历史感的小店，它们隐秘在街巷深处，像是开在蔓草蓬蒿中的一朵朵优雅小花，没有知情人引荐，外来人很难享受它们的馨香。在朋友指点下，我于英式建筑群落中不断发现一些具有精微贵族情致的传统小店，专卖珠宝首饰、艺术品、传统服装、手包和凉鞋等。小店里光线幽暗木梯盘旋，于沧桑倒转岁月轮回中记忆着昔日辉煌。我喜欢在小店内外徘徊，即使不购物，也可以在古典氛围中体会着安详的流光在无声蔓延。

店铺生意经

孟买一些商店上午11点半才开门，晚上10点关张。多数店周末休息，当你有空闲时它也关门大吉了。无论大商场、小店铺，都可以感受印度人深入骨髓的服务意识。摊主们不遗余力地向你推介商品，即使不买依然可以享受盛情。如果你对披肩感兴趣，他会搬把梯子把货架最高层的货物拿下来摆到你面前耐心介绍。如果没有语言障碍，你可能会听到一部披肩发展史。即使麻烦人家半天依然不肯出手，也不用担心遭白眼。最开心的是印度商家很少造假，不会将人造皮革硬说成真皮，把人造丝谎称真丝。不过后两年我也有被骗经历，再也不会去街边摊

第二章　日常生活

档淘宝,而是去酒店里的常设摊位购物——在孟买即使是五星级酒店,内设的摊档商品价格也比较适中。

孟买人的生意经很难理解,譬如你买一个椰子要20卢比,买10个每个就要22卢比一个,理由是买的多他还要费力给你挑选。薄利多销在这里行不通,想侃价比登天还难,你越想买,他越随心所欲地抬高价格。似乎他们并不想多赚钱,如果你觉得某个商品价格合理想多买,他会说对不起,没有了。在印度买东西要下手快,错过了就没有后悔药吃。

小而惠的零售业

不管在孟买居住多久,依然感到在购物方面不可与北京同日而语,毫无便利可言。其中一个重要原因是孟买乃至整个印度始终拒绝外来连锁超市,坚决保护自己的零售业。在这里我从没见过沃尔玛、家乐福、乐天玛特等超市航母的踪影。这样做似乎是在容忍落后,无视不方便,但同时也保护了印度的民族商业,保护了下层人民的生存空间。

有时想想,北京的大型外资超市虽然方便了生活,但是那种购物方式也造成浪费,为了一次需要漫长等待令人烦恼的排队付账,我们总要多买一些不那么有用的东西。长此以往大型超市不仅掏空了国人腰包,也给我们带来了诸多垃圾商品和奢侈的消费观念。

此外,许多位于闹市的高档商厦华而不实,贵得离谱的化妆品和香水首饰占据营业厅的半壁江山,你很难在那里找到自

孟买印象

己急需的针头线脑和价格实惠的衣帽鞋袜,让人更加怀念从前那些街边小店,以及那些经年不变的百货商场。大商厦的崛起让人没有归属感,你的心会渐渐远离故乡城市,变得和商场里的大理石地砖一样冰冷坚硬。

  的确,在孟买购物不方便,也许,不方便意味着更实用,更省俭。

第二章 日常生活

〖5欧元能买什么〗

某杂志要做一期有关物价的专题,编辑出题采访了在几个有代表性国家生活的记者,其题目是:在全球通胀浪潮中,5欧元在你生活的国家里可以买什么?这份考卷也发给了我。孟买是个商业欠发达的都市,各种小商店如铁打的营盘几十年不变,而物价则是流水的兵,从无定形。要在一片浑茫中梳理出清晰思路,真需要好好想一下。

卢比贬物价涨

来孟买之初我的确暗喜了一阵,此地购买力相当低,除房价、油价外,物价水平总体低于北京,尤其是肉、蛋、奶等食品。不过好景不长,一年后物价像生出翅膀一飞冲天,让我切身感受到什么是通货膨胀。

当地百姓对通胀多有不满之辞,疾风过后劲草难当,面对劲吹的涨价之风即使富裕的中产也受不了钱包迅速瘪下去的尴尬。2010年7月在野人民党组织发动了一次全国性大罢工,抗议政府对通货膨胀的无作为。那一天的情景我至今记忆犹新:商店关张学校关门,街上静悄悄的,只有湿乎乎的热风卷起树叶在道路上盘旋。孟买的交通从没如此畅通无阻;办公大楼的电梯也不用排队等候;天天见面的警卫和保安不知去向,领馆的雇员们不敢上班,因为怕没有响应罢工号召,"乘火车时被路两边飞来的石块打伤"。

不过此后,物价高企的状况丝毫没变,印度全社会依然民怨沸腾,搞得政府手忙脚乱,一年中连续6次加息,即使如此也没能挡住通货膨胀大步流星的步伐。与人民币稳定升值不同,印度卢比与美元的汇兑比率极不稳定,像过山车一样倏忽升到高点,转眼又跌落低谷。2009年1美元可以兑换48卢比,2010年只能换43卢比,2012年可换58卢比,到了2013年下半年卢比狂贬,曾经达到吓人的1美元兑换70卢比。2015年还算稳定,一直徘徊在65-70卢比之间。虽然5欧元所能兑换的卢比数字忽高忽低,大趋势是卢比不断贬值。我在孟买生活的几年中感觉同样数量的卢比能买的东西越来越少。

第二章　日常生活

5 欧元买食品

记得2010年来孟买不久,去趟附近的小超市,5欧元基本可以买全一周的食品果蔬,后来因物价飞涨,到2012年5欧元只能买到够吃两天的东西。这家名为"自然菜篮"的连锁超市是南孟买富人们经常光顾的地方,价格比政府菜市场贵20%左右。富人们之所以喜欢在这里买东西,是相中了食品的进货渠道比较安全,肉类没有添加剂,青菜一般不使用化肥,多用天然肥料。

2012年10月的一天,我用5欧元换得的卢比到这家超市仔细询问了一下,如果全部买鸡蛋,5欧元可以买62个;西瓜可买62公斤,西红柿12公斤,青椒6.7公斤,中国进口的富士苹果2.8公斤,1.5公斤大虾,2.7公斤羊肉,两只整鸡。香蕉比较便宜,可买大约13公斤——如果一周只吃香蕉的话,兜里只有5欧元不至于饿死吧。

据了解,印度普通城市白领一天有5元人民币就可以果腹了。我发现印度公司白领的午饭很简单,或让外卖送来个鸡肉三明治;或在街上小吃摊解决问题。他们喜欢吃一种油炸粽子样的食品"加馅沃兰多",里面包裹着和上调料的土豆泥馅,吃饱肚子只需2.5元人民币。有些职工自带午饭,有专门的快递公司去各家收集盒饭,然后乘城市火车、摩托及自行车一一送到各个办公大楼。一到饭点,办公楼电梯门口经常堆着五花八门的盒饭,由快递员分送给各个公司部门。吃自带食品应该更省钱,如此算来5欧元(届时约合40元人民币)至少可以让一个普通白领吃饱一周。而在北京,在 CBD 大厦里工作的白领们想用 40 元人民币吃饱 7 天恐怕很难。因此尽管物价攀升,依然感觉孟买食品比较便宜。

5 欧元购衣物

说完吃再谈穿,孟买是棉制品的购物天堂,5 欧元可以买一身简单的棉布衣裤。印度是棉纺大国,有广阔的棉花种植基地,上百年棉花出口史。孟买一年四季气候温润,不用冬衣,普通百姓在衣装上花钱并不多。每年的雨季(6 - 9 月)是棉织品的降价季节,商家们纷纷打折甩卖倾销库存。在商场里一件质量上乘的纯棉 T 恤只要 199 卢比,5 欧元可以买一件半,而且是百分百的棉制品。印度人工相对便宜,手工刺绣的衣服价格不贵,一件蕾丝滚边绣花莎丽加上做紧身小衣的材料费手工费,只要 2000 卢比,难怪一些西方人喜欢在这里血拼。一位新加坡朋友几乎不问价格地在商店里狂买镂空绣裙,据她说回国后花 4 倍的钱也买不到这么高质量的手工艺品。

不过需要说明的是,一些在小店或摊档上出售的当地服装虽然价格低廉,质量实在不敢恭维。漂洗 N 次后依然掉颜色,如果你怕被文身最好不要贴身穿。

近年来世界纺织大鳄纷纷把目光瞄准印度,相中这里劳动力价格低廉。他们或将工厂从中国移师印度,或在本国设计,来印度加工。我发现一些在本地出产的世界品牌成衣售价大大低于中国,例如法国鳄鱼衬衫、Lee 牛仔裤、Polo T 恤衫、杰

克·琼斯服装以及一些体育品牌的衣裤。印度本土制造的耐克、锐步、阿迪达斯等旅游鞋价格仅是中国国内的二分之一到三分之一,孟买的中产人士几乎人人足登名牌鞋。喜欢"买买买"的中国人似乎没有发现孟买的实惠,来这里"淘宝"的多是蓝眼睛高鼻梁的西方游客,而且个个满载而归。

5 欧元灌汽油

在通货膨胀中,人们抱怨最多的当属汽油涨价。

在孟买几乎没车就无法上街,因为许多地方道路肮脏破旧,污水横流,没有汽车就无从下脚。汽油对现代化社会经济发展至关重要,导致人们对油价的升降十分敏感。印度并不是产油国,汽油消费几乎全部依赖进口,每年花大量外汇购买原油。当年美国等国制裁伊朗,要求大家减少从伊朗进口原油,印度始终不答应。总之,国际油价升降直接影响着印度人的心跳。

来孟买几年中,印度汽油价格像芝麻开花节节攀高,以前5欧元可以灌93号汽油6升,现在只能灌大约4升。算起来孟买的油价比北京高出不少,为11元人民币一升,而且还有快速增长势头。伴随汽油涨价的是物价全线攀升,蔬菜、水果、肉蛋等,凡是需要运输的商品都在加价。油价涨不仅私人汽车出行受限,出租车费也上调了。不过孟买的出租车费一直很便宜,即使现在起步价也就2.4元人民币,每走一公里增加5毛钱人民币。孟买打车便宜的部分原因是出租车司机工资较低,汽油上涨而出租车费并未大幅攀升,其潜台词就是挤压了司机收入,也缩小了出租公司的利润空间。这两年国际油价猛跌,相信司机们的日子会好过一些了。

为了抵御通胀,人们的薪水也在水涨船高。孟买是印度经济金融中心,人均月收入4000多卢比(600多元人民币),较其他邦收入高些。通货膨胀来袭后,上班族薪水随之增加,从百分之几到几十不等。不仅公务员不断涨工资,各个私营企业也都不同程度地增加职工收入。在南方富裕的喀拉拉邦和泰米尔纳德邦,一些现代化管理的私营企业更是率先涨工资。印度私营企业在涨工资方面从不落后,并非资本家们乐善好施,而是企业工会的力量不可小觑。一旦怠慢了职工,工会立刻组织几次大罢工够资本家们好受。

尽管收入不断增加,但由于物价增长过快,人们的通胀预期变成了危机感。许多人拿到工资就急忙买东西,生怕到了月底卢比又贬值。当一国人民生活在纠结和焦虑中,幸福感自然会大大降低。或许印度政府能有效控制通胀,让城市上空重新弥漫愉快明朗的空气。

第二章　日常生活

〖车行孟买〗

孟买没有户籍制，对人口、车辆不设限，大家都很随性，是个名副其实的自由城。马路上不设电子眼，交警不罚款（也很少看到交警），许多车拐弯不打指示灯，一些十字路口甚至没有红绿灯……在一个有着两千多万人口，两百多万辆机动车的城市，你尽可以驰骋想象，那交通是何等模样！

不敢乘公交

来孟买后我几次鼓足勇气，始终没敢登上一趟公交车。这些车身漆皮脱落、窗框锈迹斑斑的老旧公交车，开起来噪音仿佛一头喘息的老牛。它们早就该拖进宝莱坞电影工厂当道具，

孟买印象

却还在路上艰难服役,让人联想起美人迟暮却不得不做活计挣钱补贴家用。

孟买的公交车堪称外国人胆量的试金石:车体老旧,没门,只要车速减慢就可以随时上下。每当看见当地人羚羊一般轻盈无畏地跳上跳下,我立刻打消了乘坐公交的念头。那些人跳下车后必须顺势随汽车小跑几步抵消惯性,要练就这种独门轻功决非一日。据说每年在印度都有几十人因跳下公交车后跌倒丧命,所以很少有外来客敢于玩儿命。另有一样功夫也让我气馁:多数公交汽车无门,你若站在门口处须有千钧握力,并敢于在疾驶中将身子探出车外。时常在上下班高峰期看见车门处探身着几个衣着光鲜的年轻白领,个个面无惧色,到拐弯处更是抓紧扶手以抗拒强大的离心力。

孟买气候湿热,为节约能源一般不使用空调巴士,不装空调的公交车干脆连玻璃窗都省掉了。车子低吼着奔驰在大街小巷,一任大自然的气息,无论咸腥还是芬芳之风都像群鸽一样尽情出入车身。最养眼的要属女性公交专车,满车的姹紫嫣红关不住,门窗口时常飘逸出艳丽纱巾,为街市增色。

作为国际大都市的主要交通工具,陈旧的公交车很不匹配。早就听说印度人在保护本国工业方面十分执拗,公交车都是本国产,别国东西再好,对不起,不稀罕。如此这般保护了落后,也保护了下层人民的生存空间。公交车费很便宜,走出四五站地只需2卢比(折合人民币不到3毛钱),连流浪汉和乞丐都以它作出行工具。

第二章　日常生活

廉价出租车

来孟买很快便发现了两样便宜的消费：香蕉和乘出租车。香蕉合人民币几毛钱一斤，乘出租车走三公里地，顶多花费 4 块钱。出租车一律黄顶黑身，承袭着英式出租车的老版本，不求舒适但求古典，似乎除了赚钱还负载着记录历史的重任。即使中等身材的我坐进车也须将身子蜷起，脖子不能挺直，不管走多远都要低头两眼上翻地盯着道路。第一次乘坐出租车颇受惊吓：车速飞快，司机小伙摇头晃脑地哼着小调，让车子像小甲虫似的从大货车和大公交缝隙中穿来梭去，走起麻花路。车门剧烈咣当，我跟随着车身上下颠簸，大有被甩出去之虞。结果没到站就连连喊停，可气的是司机小伙一定要把车开到目的地才算完事，害得我在恐怖中又多挨了两站地。

出租车硕大笨重的计价器安置在前挡风玻璃外，在外来人眼里永远是个谜：我至今看不懂，同样的路有时显示 20，有时显示 60，仿佛随着驾驶员的心情起伏而改变。后来见司机时常拿出个价格表指点，方知道有章可循。不过周末下班时价格暴涨，司机们干脆与你事前讲价，平时 20 卢比的路程，甚至要破费 100 卢比。后来坐得多了倒对出租车生出安全感，它们小而坚实，外皮硬如坦克，撞在漂亮的日本车上毫发无损，而对方铁定伤痕累累。虽然磕磕碰碰的交通事故不少，但当地人不愿意花时间在马路上纠缠，概因孟买商人多，看重时间即金钱；而与此相反的是新德里人，只要路遇摩擦，一定要站在街头理论出个是非对错来。

孟买印象

如今一种新型出租车出现在大街小巷，外形和天津产"夏利"有些相似，空间大，带空调，车顶上还有TAXI标志，司机一般都会说几句简单英语。新出租比老出租价格贵一倍，普通民众更加青睐后者，这也是黑黄色英式老出租车存在的最好理由吧。

糟糕的路况

孟买公交车老旧，道路更加乏善可陈。孟买的交通系统基本保留当年英国人的设计，经过100多年的风雨剥蚀容貌依旧，俨然像个岁月收藏家。城市道路因年久失修坑坑洼洼，汽车稍微提速就会被颠得离开座位。路旁的下水道疏于修葺而排水不畅，2005年雨季赶上连日暴雨，让整个城市成了水乡泽国。

许多富人面对交通的悲惨状况熟视无睹，他们出门一律驾驶私家车，对糟糕的路况不甚了了。我们公寓里一位年轻漂亮女士每天早晨开着宝马去海边晨练，这段距离不足300米，几乎刚提速就该踩刹车了。富人们离开私车就不出门，下了车不是回家就是进酒店去谈生意，很少留意路况。一次我和一孟买商人聊天，问起某路段设路障的原因，他说一般出门都有司机开车，自己只顾在车里接听电话，很少注意路上情况。

富人们更愿意选择高底盘的旅行车、越野车来对付孟买的坑洼不平路。雨季时马路凹处积水可达半尺，惟有高底盘车才能幸免被水淹到排气管。我奇怪为什么富人总在车型上动脑筋，从不劳神去敦促当局修修路？一位印度朋友告诉我，很多印度

第二章　日常生活

富人"只扫门前雪",只要自家干净整洁,哪管公共道路崎岖肮脏。富人有私车,穷人不在乎,难怪大家对糟糕的道路习以为常,从不抱怨。

20多年前我来孟买采访时只见过"大使"等三种牌子的小汽车,全为印度自产。当时为保护本国汽车工业,连总理出行都坐国产"大使",街道上很是清静;20多年来人口爆炸,买得起车的人越来越多,满眼是丰田、宝马、奔驰、沃尔沃等高档车,狭窄的街道变成了停车场,也成了新贵们炫富的长廊。车辆狂增道路却依然故我,使拥堵成了孟买特色,出门办事,开车走30公里路花3个多小时是平常事。

火车人满为患

孟买地形南北狭长,以每天涌进500多外地人的速度迅速扩张,好在城市有铁路纵贯南北,成为连接市区和郊区的大动脉。领馆有位做清洁工作的雇员高坦和他的两个哥哥都住在北部郊区,因为那里房租便宜,物价也低。他们每天靠着票价低廉的城铁(每月只需花费200卢比)往返于工作和住所之间,得以在这片人海中生存。他骄傲地告诉我孟买的铁路安全纪录在印度名列前茅,每列火车都装有电子保险装置。不过看着车厢老旧,没车门,门口照例堵着一大群人的火车,我不免心有余悸。城市火车发车频率很快,每三分钟一趟,也成为事故高发地。列车分为多种快慢车,出发时间经常变动,要搞清始发和到站绝对是一项浩大工程。很佩服印度人的博闻强记,高度怀

孟买印象

疑多数人都有数学天才。

城市火车照例设有女士车厢,这种男女有别的设置让妇女们更有安全感。上下班高峰时车厢里人满为患,女人们裙裾嫣红,围纱艳黄,让老旧凋敝的车厢掩映在彩霞花光里。年轻女人们挽起黑发,那上面缠绕的白色茉莉花串将沁人的清香弥漫开来;即使带着一天的疲惫,她们仍然能以闲逸的心情,在列车颠簸和烟尘弥漫中静待目的地的到来。

值得期待的是,孟买所在马哈拉施特拉邦的最高行政长官在考察了交通状况后痛下决心,发誓要改变现状。措施有增加600名交警,建立严厉的罚款制度,拓宽道路,架设电子设备疏导交通,等等。尽管理想与现实之间横亘着巨大鸿沟,然而只要一锹一铲地不懈努力,相信孟买交通会有很大改观吧。

第二章 日常生活

〖吃在印度〗

一位在新德里工作多年的"印度通"说过:"只要有钱,在印度想吃什么都能如愿。"这话不假,我来孟买时间越长,在吃的方面越没什么缺憾。不过若让我融入印度饮食文化,可能只比登天容易点儿—不算乘坐飞行器。中国和印度是近邻,但传统口味却互不搭界。印度人做菜喜欢用咖喱:咖喱鸡、咖喱鱼、咖喱土豆……每当飞机上笑容可掬的印度空姐把盒饭小心翼翼地放在乘客面前,让独特的咖喱味道充盈机舱时,我的胃立刻强烈拒食。记得20多年前来孟买采访时,一进餐馆就被混合的咖喱味逼得几乎绝食,最后是一碗方便面救了小命,至今依然认为那碗面是绝无仅有的珍馐美味!

57

孟买印象

素食者众多

印度素食者多,据说有一半人都喜欢吃素,越是高种姓富裕阶层食素者越多。也许因为印度教规定高种姓者不杀生,不吃荤。加上耆那教、佛教和锡克教也同印度教一样反对杀生,素食者自然占据了半壁江山。

我在孟买有几次去印度朋友家做客,很不走运地都遇到了"全素席"。记得在朋友瑞娜家吃过一次自助餐,所有菜盘里统统是绿色蔬菜,连鸡蛋都没有。印度素餐的特点是"糊糊涂涂",好好的蔬菜一定要捣成糊状。通常桌子都放有一盆"绿糨糊",一盆"黄面糊",绿糨糊是搅拌成糊状的茴香菜末、芹菜末、香菜末,黄面糊是煮得稀软的菜花、土豆、冬瓜、胡萝卜、蘑菇配上黄色咖喱,有的还加入辣椒、豆蔻、丁香、生姜、大蒜、肉桂等。瑞娜解释说喜欢食素的印度人一定要将蔬菜熬成菜糊才出锅,认为蔬菜完全烂在锅里,可以毫不浪费地吃掉,防止营养流失。

极端的素食者十分较真儿。一位印度朋友对我说,他在中国做生意那段时间,有的餐馆用煮过荤菜的锅给他煮蔬菜,实在难以入口。虽然他现在的对华生意很多,却怕去中国,因为不知道酒店餐厅里的蔬菜是用什么锅煮出来的,有没有加荤油,他是吃还是饿肚子,很难抉择。

我还听说过素食者的一些较真儿故事。印度专门设立了一些纯素食者社区,只有素食者才可以在那里租房或买房,因为居民们不能忍受肉食者的烹饪习惯。一位素食者说:"谁家在

第二章　日常生活

楼里炸鸡煮肉我们立刻知道，即使是煎蛋饼也有股难闻的味儿，我和家人都不愿意吃肉的人住进来。"为了确保将来不会与荤食者为邻，有些素食者买房时就要求地产商在合同上保证不把其他房子卖给荤食者。

　　吃素人口众多导致印度蔬菜价格高企，尤其是进口菜。中国大白菜的价格是 150 卢比 1 公斤（2011 年，相当于 22 元人民币）和鸡肉价格差不多；芹菜论根卖，5 个卢比才能买到一根，又细又短；韭菜在孟买很少见，即使有也是论根卖。不过，西红柿、青椒、菜花、扁豆、菠菜等蔬菜价格合理，也供应充足。

　　孟买汉堡包店出售的汉堡有一半都是夹放蔬菜的，成了针对素食者的改良汉堡。这个城市的素食者饭店餐馆比比皆是，虽然价格不菲，比普通饭馆高出 20%，但下班时总是人满为患；走在大街上，不时看到素食协会成员发放传单，历数食肉害处，规劝人们加入素食行列；即使在家中坐着不动，也会偶遇素食课堂的人前来敲门，为你送上一本食素有益的小册子——如此这般，你再抱着吃红烧肉的嗜好不放，真有点儿不好意思了。

融合与抵制

　　开放程度越高，孟买饮食习俗越和邻国融合，呈多元化，看上去好像从万花筒里望风景。有一种波斯菜系，以炸食为主，炸肉丸子、炸虾、炸鱼、炸蔬菜等，味道很好。不过许多富人对它不屑，认为吃炸食只是满足口腹之欲，对健康没任何好处，我以为他们多少有点儿挑剔过度。西餐在印度大行其道，有英式、

孟买印象

大陆式、意大利式等,孟买印度门附近有几家古典而内敛的英式餐馆,那做派不愧百年老店。我同样也发现了众多的中国菜馆,菜品从宫保鸡丁、麻婆豆腐到鲜虾烧卖应有尽有,虽然味道有点儿怪,大体还不错。

除与外国融合,孟买也收集了本国各地区的著名饮食。孟买最驰名的一道菜是"燉杜里鸡",来自北方邦的燉杜里地区,著名程度犹如北京烤鸭。制作方法是把鸡腿、鸡块沾满香料放在炉子里用炭火烧烤而成,味道鲜嫩可口。我去过孟买商业街上一家叫"德里达巴"的饭馆,据说专营此物,其名声好比北京全聚德。

在接受舶来品同时,越来越多的印度人开始加入抵制运动。他们自诩崇尚自然,号召保持印度传统食物,不食罐头、香肠、饼干、方便面和汉堡包。有位中国学者来孟买访问,前来陪同的印度教授在任何场合只喝白开水和椰子水,再饿也不吃一口饼干。教授说他和学生们正在发起一项拒绝喝可口可乐的全国性运动,口号是:不喝可口可乐,喝椰子水;不吃和路雪,吃井水;不吃饼干,吃面饼。他们要破除印度人反自然的饮食习惯,不让外国垃圾食品毒害本国人民。

美国肯德基和麦当劳食品集团一直觊觎印度市场,十几年前就开始和当局谈判,使尽浑身解数至今也没什么建树。现在孟买只有一家肯德基店,有四、五家麦当劳。麦当劳的汉堡包里不准夹牛肉,只允许放蔬菜和鸡肉;为适应当地人口味,厨师们还在里面添加些香料,如印度茴香、咖喱等,吃起来像怪味包。

第二章　日常生活

卫生习惯堪虞

印度每年都有约 80 万人死于糟糕饮食；其中腹泻造成的死亡人数达 40 万。

谈论印度人的用餐习惯，立刻想起他们手抓饭的传统。与印度朋友聚餐，经常见他们用右手卷着一种叫"加巴地"的小薄饼，用饼卷沾着盘子里的各种菜汁和肉汁往嘴里送。如果吃米饭，他们会用一根手指（一定是右手指头）把多汁的菜和饭拌在一起，抓起一团来捏一捏，然后送进嘴里。菜肴里的肉块则用右手指头捏着吃。吃饭的时候，他们会在桌子上放一只盘子、一杯凉水，吃到最后还要用饼把盘子擦干净，毫不浪费。富裕的印度人到酒店用餐或参加晚宴等也用刀叉或勺子吃饭。但是在私下家宴，依然要用手指为快。

印度北方人把饭菜装在盘子里，南方人喜欢把饭菜放在芭蕉叶上用手抓着吃。绿色的大芭蕉叶上堆放着一小堆米饭、两块黄色咖喱鸡、三块红色焖羊肉，以及浸着酱汁的土豆，好似绿色画布上点缀的一朵朵彩色小花。

用手抓饭方便省事，但如果饭前洗手不净或根本不洗手，很有可能病从口入。一些贫困干旱地区饮水困难，谁愿意在洗手用水上破费过多？总之，这种用餐习惯隐患多多。

我在孟买市场摊位上常看见一些散装食品如杏干、葡萄干等，仅仅用旧报纸包装出售；一些简易食品小摊林立在垃圾堆旁，卫生条件极差。当地人喜欢吃街边传统小吃，我们公寓不远街角处有个油气烘烘的早点摊，每天早上摊主都忙不迭地在

孟买印象

油锅里炸一种叫"沃兰多"的三角形面食,个头比粽子大些,吃起来像北京的薄脆。"沃兰多"一卢比一个,低收入白领,甚至贫民窟的穷人都排队买着吃。油锅旁边放着一个落满尘土的大木板,小贩就在上面揉油面。肮脏的野狗在摊位前来回溜达,乌鸦不时叼走残余食物。食客们托着纸盘子,里面放些黄绿色的调料"玛萨拉",用刚数完钱的手拿着炸食蘸佐料吃,一边喝着小纸杯里的加糖奶茶。早点摊四周尘土飞扬,垃圾遍地,毫无卫生可言。类似的小吃摊遍布大街小巷,成了食品安全死角和疾病温床。

有毒食品敲警钟

我在孟买克劳福德市场上亲眼看到一些摊贩使用化学药品浸泡水果,据说是为了催熟和保鲜。在孟买虽然可以买到外表光鲜的苹果、梨、葡萄,但是一想起那些红褐色的药水,心中总会起疑。这些化学药水对人体肯定有害,如果儿童吃了没削皮的水果,后果不堪设想。后来在报纸上接连读到有毒食品伤人的消息,方知道印度的食品安全问题十分严重。

2001年6月,印度媒体揭出"毒西瓜"事件。"有毒西瓜"产自印度北部,一些农民使用医院里用的注射器在西瓜的瓜秧和瓜蔓处反复注射植物生长促进剂;西瓜成熟后,他们又往西瓜里面注射染色剂和增甜剂。这些化学制剂长期食用能致人死地,真相被媒体揭发后引起公愤,人们纷纷要求惩治这些制造"毒品"的人。

第二章　日常生活

2011年4月6日，新德里至少有222人因食用有毒荞麦面粉制作的食品而中毒，一名男子因抢救无效死亡。这些面粉来自印度北部拉贾斯坦邦一家磨坊厂，厂方为让面粉看上去更细腻放入了有害添加剂。不久后旁遮普邦也发生了集体中毒事件。一群村民为庆祝节日在一起聚餐，所食用的面饼让150多人中毒，其中两人死亡。

印度素食者众多，但如今他们遇到了非常严重的问题：蔬菜水果农药超标，受污染严重。初到孟买时，我从市场上买回来的小白菜都是洗净炒熟后吃，但总是觉得满嘴苦涩。一天偶然在报纸上看到一位印度学者撰文说，印度70%的蔬菜受超标农药污染，他还警告说，凡是带叶子的菜，不经过半个小时以上的浸泡切莫入口。那以后我尽量少买绿叶菜，主要食用西红柿、青椒、土豆、黄瓜等。

不只是蔬菜，印度水果农药污染也很严重。新德里一户中产家庭的小孩儿吃完葡萄后就上吐下泻，最后昏迷不醒。经调查发现是葡萄上残留的农药没洗干净。2012年的一项调查表明，印度有51%的食品都受到了农药污染。此调查结果一公布，媒体惊呼："印度人每天都在吃'毒药'"！印度南方好几个邦还因此发生了群众游行示威，抗议政府在制止滥用杀虫剂上无作为。

城市贫民是有毒食品的主要受害者，他们没钱从正规商店购买食品，只能从低价的露天市场或街边小店买食物。这些商店进货品质没保证，导致穷人最终受害。

富人们自有对付食品安全问题的办法。他们买粮食不会找小商贩，不光顾街边小吃摊，也不去平价政府店买菜。孟买有专为有钱人开设的蔬菜店，都是些连锁小型超市（例如我家附近的连锁店 Nature Bascket）。这些超市进货很挑剔，要求蔬菜一律使用有机肥，不施化肥和农药；货架上的菜叶上偶有虫眼，茴香捆里夹带杂草。超市里出售的鸡蛋从农家征收，不会要饲养场里打过激素、吃过抗抑郁药母鸡下的蛋。自然，这些农产品价格不菲，比一般商店要贵大约30%，顾客都是些公司高管或政府高官。

　　孟买的普通中产人士买菜首选平价政府店，国营商店里的果蔬虽然没小超市那么精致安全，也不会太出格，而且价格适中。尽管媒体上关于食物中毒的报道让他们担心，但是在掂量了钱袋子后还是去平价商店解决食品问题。

　　2006年印度重新修订了《食品安全及标准法》，对食品安全、食品掺假、食品商业运营等所有方面都做出明确规定。2011年毒面粉事件发生后，新德里警察局逮捕了销售毒面粉的商店老板及其15名员工，并表示将全部参与毒面粉制造与贩卖的人绳之以法。2014年政府又大力号召整顿街边食品，意在取缔卫生条件极差的小食品摊。目前孟买当局已经开展对街边食品安全与质量测定的试验项目，以期尽快改善并加以规范。

第二章　日常生活

〖从停电说起〗

印度 2012 年 7 月大停电事故震惊世界，由于没有波及我所居住的孟买，这个城市的人们对远在千里以外的黑暗事故处之淡然；而我，有感于此次"世纪大停电"，对于印度的电力供应和电力设施，不禁"有话要说"。

处处有危险

印度是个严重缺电的国家，各地轮流拉闸限电早已成家常便饭，不过作为印度金融经济中心的大城市孟买很少出现断电情况。我在孟买生活的几年时间里，仅有过一次因为公寓地下室电线老化起火而停电半个多月的记忆。不过这个城市

孟买印象

的电力设施实在乏善可陈，电线老化、插销漏电、电力设备陈旧司空见惯。

  2013年4月的一个晚上，我家对面的国际展览中心因电线老化起火，短路后的电火花引燃了展览用的木牌和帆布，滚滚浓烟笼罩了周围居民区，即使把窗户紧闭，屋子里还是烟雾呛人。6月的一天，离我家不远处的马哈拉施特拉邦政府总部7层大楼起火，大火燃烧后的黑烟遮天蔽日，造成至少11人受伤住医院。事后我路过大楼时看见东侧已被烟火熏黑，据说楼内邦政府礼宾部的档案室付之一炬，损失惨重。这次事故的直接原因依然是楼内电线老化短路所致。连当地最高政府部门都存在电路老化问题，更何谈其他贫困地区。

  孟买每年雨季长达3个多月，空气中过高的湿度对电器设备影响较大，电线老化快。我有个朋友一天临出家门时忽然闻到电线烧焦味道，仔细检查后发现所有电器都处于关闭状态，而墙壁上的插线板竟然自己冒出青烟，她赶紧奔出家门找物业来检修。在孟买，无论办公楼还是居民公寓，插线板漏电已是司空见惯家常便饭；一俟把电器插头插进线板，十有八九会喷出吓人火花，几乎每个电器插头的金属爪都有黑色烧痕。我们领馆办公室设在9层，通向地面的安全道又窄又小。邦政府总部7层大楼起火后，大家曾专门讨论对付电线老化起火问题。各科室都配备了灭火器和防烟口罩，有人还开玩笑地提议贮备一些降落伞，以便着火时可以跳窗逃生。总之，在孟买生活关注漏电起火已经成了必修课。

第二章 日常生活

电费昂贵

早在2002年,印度就明确强调私营公司在电力发展中起主导作用,此举虽然可以减轻国家负担,但副作用也不小:一些私人电力部门只为利益计而没有全局观念,结果出现电网覆盖面积低,电费昂贵等弊端。

我住在孟买感到这里的电费确实比中国贵许多。印度没有统一电价,各邦各城都有自己的规定,电费一般采取阶梯式收取,用电越多收费呈几何数字增量。我家一般情况下每月电费需要100多元人民币,在4－6月热季需要经常开空调,一个月电费高达500人民币。有个同事因为住房面积大一些,热季经常开空调,一个月下来电费1000元。他以为是哪里漏电四处查找,后来才明白是阶梯用电收费制度所致。孟买办公楼的电费普遍高于居民用电,平时很少遇见拉闸限电情况,但感觉他们在电力紧张情况下并不注意节约:多数商用楼里只有中央空调,各楼层不能自行调节,不管天气冷热空调一律劲吹,万般无奈下,我只好用报纸把空调通风口堵上。

电费昂贵也是造成印度2012年大停电的直接原因。那一年北部地区干旱,农民不得不开动水泵灌溉庄稼。由于电价贵,买不起电的农民只能通过偷电方式来挽救农作物,结果造成印度电网非技术性损失率超过32%(世界平均水平是15%)。偷电使用电需求透支,电网瘫痪,也造成了7月大停电。

电力私营化使电力公司不愿意为农村供电,至今印度北方地区的一些农村连电灯都没有,更不用说拥有电视、电话了。几

孟买印象

年前一位英国记者采访了印度西北部拉贾斯坦邦的一个村庄，发现村里只有少数富裕农民才能用上电，每天最多也只能使用三四个小时，而大多数的村民晚上只能用马灯。

谢绝外资

印度电力供应私有化已经形成了一个无解的怪圈：私人电力公司不愿意扩大产能，而萎缩的国有电力公司亏损严重。没有充足电力，印度无法维持每年8%以上的经济增长，高昂的电价已经成了印度经济快速发展的桎梏。实际上印度政府对电力部门的投资并不少，但是经过层层腐败盘剥，雁过拔毛，最后下达到具体作业施工单位已经所剩无几。

电力发展缺钱，有关部门却拒绝外资投入。2010年我在孟买遇见一位来自国内大型电企的工作人员，来印度接洽建设水电站事宜。印度北方多山，水利资源丰富，而水电站建设却一直裹足不前。据他说在建设水利发电站方面印度对外国投资态度冷淡，对中国企业尤其是带国字头公司的投资意向持不合作态度。他认为印度人谢绝外国资本进入水电行业，其原因可能是担心外国企业帮助建设电站会导致自己的核心工业受制于人。

印度政府在进口电力设备方面也层层设卡。实际上自2004年以来，包括上海电气、哈尔滨电气、山东电建、特变电工、东方电气等大批中国电企已经进入印度市场，目前中国电力设备占据印度新增电力设备市场约四成份额。为遏止中国电

第二章　日常生活

力企业在印度发展，2012年7月印度政府内阁经济委员会，批准了对进口电力设备征收21%的进口税，同时取消对装机容量1000兆瓦以上超大型发电项目的免税措施。这些举措既迟滞中国电企在印度发展，也影响印度电力基础设施建设的进程。

反对核电

每到节假日，我的手机会经常接到一些组织公告，号召印度人起来反对政府建立核能电站计划。一位长期在印度工作的新加坡商人告诉我，印度政府发展核电计划不断受到当地居民阻挠，地方政府为此与当地人展开博弈，有时候甚至会使用逐渐减少供电方式迫使当地人接受核电站。即使如此，修建核电站的工程依然受到当地人强烈抵制。

人民的抵触情绪是由一些核电站的核辐射超标严重引起的。卡克拉帕核电站位于印度西北部古吉拉特邦，是印度原子能核工业的骄傲，印度人宣称它是印度最好的核电站。可就连这个最好的核电站的辐射程度仍是核电站国际安全标准的三倍，至于印度其他核电站的辐射程度更是可想而知了。

印度现有14座核反应堆，除了其中3座接近国际原子能机构安全标准外，其他的核反应堆的安全标准只符合印度本国要求。在这种情况下，印度核电站频现重大事故就不稀罕了：2012年初，印度政府下令关闭拉贾斯坦邦的一家核电站，因为这个核电站随时可能发生与切尔诺贝利核电站一样的事故。

孟买印象

拆迁超难

发展电力需要基础设施建设，拆迁难永远是让人头疼的事。

印度土地实行私有化，要从私人手上买到一块土地是件很困难的事，谈判时间一长，地主就有变卦风险。一家外国电力公司曾经在孟买的班卓尔区相中了一块土地，打算买下来建设电力设施。经过半年多艰难谈判，尽管卖方出价高得难以置信，双方还是达成共识。就在即将签约之时，那位地主却变卦不卖了。理由是这是他祖父的遗产，不能"崽卖爷田不心疼"。其实是这半年土地价格暴涨的行情，让他起了"坐拥土地，待价而沽"之心。

印度的贫民窟举世闻名，其规模正在无声蔓延，悄悄蚕食着城市。市政当局如果要进行电缆维修，架设高压线等，都会面临拆迁贫民窟问题。这些贫民窟主尽管处于社会底层，但手上握着让政客们害怕的"尚方宝剑"，那就是选票。在每一次印度大选或地方选举中，数目巨大的贫民窟选民都是任何一个政客不敢忽视的强大政治力量。早在1975年，当时的总理英迪拉·甘地的小儿子桑贾伊以整顿城市面貌为由强拆了新德里、孟买等大城市的贫民窟，约70万人被赶出新德里，一些人被匆忙安置在没有水电的新住宅区，另一些人甚至无处安身。被强行迁出的穆斯林奋起反抗，结果造成了大规模的流血事件和宗教冲突。此后，印度政治家对拆迁格外谨慎，也很少发生强拆事件。其结果是印度多数城市的市政建设几乎陷于停顿，几乎

第二章 日常生活

每个城市都存在道路破损、电力设施老化等问题。

　　我注意到不少印度人喜欢得过且过,面对诸多不便十分坦然。譬如对北方大面积停电事件,凡我问到的印度人都不以为然,好像司空见惯。印度的富裕阶层似乎已经习惯于种种不便,为防止停电影响生活,一些人甚至在家自备柴油机随时发电。很佩服有识之士面对停电的淡定,不过这也使基础设施落后的状况很难得到改善。

孟买印象

〖看病难易〗

地球人几乎都知道印度实行全民免费医疗,穷人再穷也能看得起病,就连毗邻的巴基斯坦人都经常涌入印度求医问药。我在印度有过几次看病经历,感觉印度医疗系统虽然不像听说的那么美,但也并非凭空虚构。

我的一次看病经历

孟买每年6月到9月的雨季,各种传染病如登革热、霍乱、疟疾等时常在印度各个城市蔓延,这时期要特别当心。9月的一个夜晚我因嗓子疼吃了几片国内带来的利复星,几个小时后便头疼欲裂,恶心呕吐,浑身发抖,遂叫了辆车去塞菲医

第二章　日常生活

院看急诊。

车开到医院门口,一个黑瘦的护工推着轮椅过来,示意我坐上去。他推着轮椅往急诊室走时,我又作呕吐状,一个穿白布衫的小个子男护工立刻递来个塑料盘子。我刚在急诊室病床上躺下,穿白大褂的年轻医生就走进来问诊,首先排除了登革热,在检查了血压血糖后还是搞不清状况。最后没辙了,他只好说既然你这么难受,就打一针镇静剂吧。

第一次躺在陌生国度的医院里心中充满恐惧,我不知道这一针打下去是否还会醒过来。不过看见瘦小护士熟练的操作技术,心里安静了许多。翌日清晨我在家中醒来,惊奇地发现症状完全消失,竟然不可思议地复元了。

我又去拿验血结果,才看清塞菲医院全貌:其外表像三个连接在一起的圆顶清真寺,又宛如一座华丽皇宫;里面纤尘不染,豪华内装修有点儿像五星酒店;病人不多,一些蒙着黑色面纱的穆斯林妇女在玻璃间里安静候诊。医院顶层全部是理疗室,有按摩、温泉浴、瑜伽教练室、健身房等,与酒店无异。塞菲是孟买最大的私人医院,老板是位富有的穆斯林,叫塞耶那,也是位宗教领袖,虽然常住国外,却经常捐资为印度做善事,2011年全印度热闹地为他庆贺了百岁诞辰。塞菲医院因为以穆斯林为主要服务对象,诊费比其他私人医院便宜。

我的主治医生拥有舒适诊室,外面是个大开间,隔成像广告公司一样的小格子间,他的几个助手坐在电脑前帮助整理病人资料。他看了我的化验单,告诉我可能是药物过敏,在印度不要吃中国药，因为生活环境发生变化，药效也会起变化。他给我开出的药方是：多喝椰子水、橙汁，多喝水多休息，少吃油腻。

到此为止我的看病经历就结束了，这次看病验血花了2000卢比，孟买的人均月收入是5000卢比，如果看一次病就花去半个多月薪水，谁能承受得起？不过不必担心，印度的医疗保健体系层次分明，人们看病可以去基本免费的公立医院，也可以选择收费较高的私立医院。

公立医院，面向穷人

苏瑞赫是我所住社区的一名保安。每天清晨，我都能见到他穿着土黄色的工作服，笑容可掬地对进出的人们打招呼，或者手脚勤快地开关院门。雨季前有几天没见到他，再见时他告诉我因为妻子临产，请假去医院照顾她了。他的月工资只有4000卢比（相当于700元人民币），在孟买属于中下阶层。他妻子在一家公立医院一住就是两个月，像他这样的收入承受得起吗？苏瑞赫告诉我他妻子在医院里的各项费用都由政府负担，他们看病不要钱。他骄傲地说，他的妻子是"有福气的病人"。

苏瑞赫的妻子只是印度千千万万"有福气的病人"中的一位，这个城市还有许多低收入者得益于印度的全民医疗体系，就连那些住在贫民窟里的无业穷人都可以随时到公立医院享受免费医疗。免费医疗钱从哪儿来？仅靠政府每年占GDP的4%的财政拨款远远不够。政府采取的办法是：一靠中央财政拨款，二靠地方政府资助，三靠私人和慈善基金赞助。

第二章　日常生活

公立医院因为少收费或免费，弊病也不少。人们有病没病都往医院跑，有时候需要排队几天才能挂上号。司机巴龙的女儿发烧，他着急赶回家带女儿去看病。我随口问："是带她去公立医院看病吗？"他回答说："不，是去小型私立医院。"我奇怪地问："为什么不去公立医院？可以全部免费。"他做出一个不屑的手势说："去公立医院看病的人太多，即使得了急病也挂不上号。想快点看病就要给医生送礼，或在医院有熟人。"

因为病人多，想在公立医院做免费手术至少要等上三个月。真有急病，谁能等得起呢？我认识一对印度夫妇，他们为了看不孕症在公立医院从看病到确诊足足用了两年时间；医院通知说如果要做人工授精还需要再等两年。他们实在等不及四处借钱，终于凑足了50万卢比去私立医院治疗。据印度媒体报道，每年都有20%以上的印度病人选择去私立医院动手术，大部分人都像这对夫妇那样，去一次私立医院就几乎倾尽所有，甚至举债度日。

免费医疗对政府财政来说是很大负担，资金不能及时到位，大部分公立医院装修简陋、病床破损、仪器生锈，就连医生的白大褂也因为换得不勤而变成灰大褂。一位来自杭州的姑娘在孟买一家大公司工作了3年，她告诉我，她从来不去公立医院看病，因为那里"又脏又乱，人们挤来挤去，医院大厅像个破旧防空洞，楼道里躺着的病人像乞丐，医生技术差，医疗设备也落后。"

公立医院医生的劳动强度和精神压力也很大。拉缅施是

孟买印象

新德里一家中等公立医院的医生,他说医院平均每天要接待5000多名患者,他每天至少为50个病人看病,有时候忙得连喝水、上厕所都没时间。为了少上厕所他只好少喝水,结果患上了尿结石。拉缅施说,他不怕辛苦,不能忍受的是工资太低。他的基本工资是8000卢比(约合1200元人民币),在首都这样的城市里生活十分拮据,他的两个孩子只能进小型私立学校上学,从不敢问津那些有名气的好学校。

长期精神紧张让一些医生对工作产生厌倦,看病免不了敷衍了事,造成医患关系紧张,甚至还出现过病人家属杀害医生的不幸事情件。很多公立医院医生一旦经验积累够多,便会跳槽到收入好的私立医院。人才流失使公立医疗质量下降,质量下降就更留不住好医生,形成了恶性循环。

私立医院,为有钱人服务

印度私立医院的宗旨很明确:为有钱人服务。比如本文开头提到的塞菲医院,收费已经属于低标准,还是动辄一次几千卢比诊费。生活压力增大,很多印度人又喜欢吃油炸食品和甜食,体育运动不够,高血压、糖尿病等纠缠上印度富人——印度已跃居世界第一大糖尿病国。上世纪末以来,设备先进又收费昂贵的大型私立医院在各大城市悄然兴起。

孟买的布瑞其坎第私立医院有100多年历史,是当年英国人建立的,也是富裕的印度教徒最理想的看病之地。它坐落在市中心黄金地段,紧邻海岸;医院窗明几净,病人们候诊时可

第二章 日常生活

以坐在长廊上眺望大海舒缓胸臆。医院里的设备十分先进,扫描、拍片、化验……现代化设备一应俱全。

大型私立医院特别注重环境建设,务求营造清馨氛围。一位在新德里阿波罗私立医院看过病的朋友告诉我说,那家医院很像五星级宾馆,不仅有气派的门诊大楼,还有皇家花园一样的庭院:草坪、树林、带穹顶的亭榭和流芳溢彩的花坛。当然,收费也不含糊。

像孟买布瑞其坎第这样有名气的私立医院,普通医科大学毕业生很难进入。这里的医生不是留学欧美的"海归",就是印度医科大学的博士毕业生,至少也在公立医院工作多年、有丰富的临床经验。来这里看病的不仅有当地人,还有来自发达国家的"医疗旅游团"。这些旅行者来印度的目的首先是看病,其次才是游览观光。印度私立医院医生普遍水平高、医术好,墙里开花香溢于外,吸引着各国病患前来就医。西方人认为这里手术不仅收费比本国低,而且不必长时间等待医疗服务机构审批。

对普通印度人来说,大型私立医院收费太高。布瑞其坎第医院的主治医生仅挂号费就要 800 卢比(2012 年,约合人民币 100 元)。医院会从 800 元中抽取 30% 留用,其余归医生。一位朋友不久前只在该医院做了一次 CT 扫描就花了 1 万多卢比(相当于 2000 多元人民币)。如果做手术,收费动辄数万到数十万卢比,天文数字的医疗费让穷人望而却步。这些医院完全自负盈亏,不得不铁石心肠,实行"有病没钱莫进来"。

孟买印象

为鼓励私立医院多为穷人看病，印度政府在医院建设用地等事项上开放"绿灯"，以换取私立医院的"仁心"。例如新德里的阿波罗私立医院是在政府无偿提供的土地上建立的，政府要求医院必须每年为穷人提供200张免费病床，并为住院穷人提供免费诊断、使用手术室、提供膳食等优惠，甚至要求由高水平专家为穷人做心脑手术。

众多中产人士不愿意去公立医院和穷人们挤成一团，但又难以承受大型私立医院的昂贵费用，他们的医疗问题如何解决？伴随印度中产阶级崛起，各地出现了许多小型私立医院。这些医院收费不高，病人少，医生素质较高，广受中产阶级欢迎。小型私立医院一切从俭，尽量减少病人的经济负担，能做CT检查的就不去做PET CT；能做指检就不做抽血化验；同时减少引进大型医疗设备，这些是他们收费低却有盈利空间的秘诀。

进入21世纪以来，印度出现的各种私立医院已多达1300多家，当公立医院因资金等问题步履蹒跚时，私立医院盈利却以每年13%—20%的速度增长，在印度形成了私立医院进、公立医院退的现象。

除私立医院，印度还有不少私人诊所，一般是儿科、妇科、牙科等专科，都由名医主持。收费就是一个字：贵。我曾在牙医拉瓦里大夫的私人诊所看过病，多有破费。拉瓦里大夫出生新加坡，在美国留学，并在香港某医院工作过6年，对中国很有感情。他的诊所设在孟买北部一栋白色小楼里，光看地段就知

第二章 日常生活

道租金不菲。诊所里一共有5张治疗椅，每张椅子上都安装有拍X光片的设备，拍一张小片就需要700卢比（相当于100元人民币），比国内贵许多。诊所医生只有他一个，夫人是助手，其他几名雇员只做辅助工作和收费。

我半躺在医疗椅上让拉瓦里大夫进行检查，在我面前悬着一个小电视，正在播放英国著名演员"憨豆先生"的喜剧，我猜大概是为了让病人转移注意力，忘记疼痛和恐惧。大夫的夫人对病人和蔼亲切，给我注射麻药时，每过几分钟就要轻声问一句"Are you ok?"听上去颇似吴侬软语。

拉瓦里大夫医术高，诊费也高，治疗和修补一颗牙齿需要3000元人民币。我后来因为牙齿上有瑕疵又去修补了一次，他竟然张口要8000卢比（相当于1200元人民币），让我难以承受。而他却说即使如此也赚不了多少，因为他需要交纳40%的高额营业税，还要付房租、水电费和员工工资。此外还要交纳25%的个人所得税，七扣八扣的，真正装进自己口袋里的所剩无几。

在印度，有名气的私人诊所医生都可以跻身高收入行列。我认识一位著名全科医生，在孟买最昂贵的市中心拥有一大套公寓，在附近的山上、海边均有别墅；有些医生甚至把别墅建在几百公里以外的避暑胜地果阿。而这位拉瓦里牙医尽管抱怨赚不到钱，每到雨季都要携家人出国旅游，一走就是一个月。在印度开私人诊所真是一本万利，难怪印度的莘莘学子们都争先恐后地学医。

孟买印象

医药分开，实惠病人

印度医院不论公立还是私立，都实行医药分离。此举最大的好处就是可以避免医生给病人开高价药，因为医生无法知道病人去哪个药店买药，和药店串通吃回扣的可能性几乎没有。

我在布瑞其坎第医院看病后，拿着医生开出的药方去街上买药。司机把我带到靠近马瑞伊海滨大道附近的一条街上，说这里有很多家药店。我留心观察，在乱糟糟的遮雨棚下看见了几个绿十字。我走进一家杂货店，里面摆着首饰、衣服、床单、糖果，在一个角落里放着一些盒子。一个年轻男售货员看了我的处方，从盒子里找出一板装了16片椭圆形绿色药片的消炎药，并告诉我服用方法。这板药共花了120卢比，大约12元人民币。

印度医生一般依病情下处方，对消炎药十分谨慎，一次最多开出够吃四天的，绝不多开。我的牙医甚至让我用盐水漱口来代替消炎药。印度药比较温和，即使吃消炎药也少有伤胃现象。对感冒或发烧医生不会主动提出输液，即使你要求多数医生也不同意，他们会说，吃点儿药就好，为什么要打针？只要医生认为是可自愈的病就不会开药方。

即使诊费高昂的私立医院，医生开出的药也很廉价。一次我因发烧去布瑞其坎第私立医院看病，诊费和化验费为1990卢比，而我在街上药店里买药才花了150卢比。此次看病加起来需要花200多元人民币，其中药费不到20元。医生少开药一是为病人着想，减少开销，二是药价高低与医生收入无关，

第二章　日常生活

既然药效都差不多,为什么让病人多花钱买进口药呢?

药价便宜的另一原因是印度产的仿制药价格低廉。印度是个制药大国,而且是高仿制药大国,仅2009年,成药业出口总值就高达83亿美元。因为专利纠纷年年不断,政府对专利法实行强化监管,制药公司被迫转型自主研发新产品。迄今印度已拥有100多个药品专利,在发展中国家里首屈一指。

想当医生门槛高

在印度当医生是一项神圣职业,为莘莘学子们景仰。无论公立还是私立医院,只要是想在医界有所作为的医生,很少有接受患者红包现象。印度对行医执法非常严厉,医生如果因为接受红包而违规操作,会被吊销执照。吊销执照对于医生来说是最严厉的处罚,基本意味着医生生涯结束,一般人都不会为金钱去冒险。

医生不仅违规要受到处罚,如果见死不救也要受制裁。2010年的一天,士兵古亚尼在新德里西部乘坐公共汽车时遭一群小偷袭击,身负重伤,他下车后正好倒在一家私人诊所门前台阶上。诊所医生迈诺恰看到伤者不仅没救治,反而弃之不顾。古亚尼后来被送到附近医院,终因延误了时间不治身亡。2014年新德里法庭宣判医生迈诺恰必须向古亚尼家属支付30万卢比(合4万多人民币)的赔偿金。

在印度当一名医生门槛很高,不仅要在高考中名列前茅,还要在医学院苦读5年才能拿到学士学位,而其他专业只要3

孟买印象

年就可以轻松到手。印度医生一般能做到医德不忘，在全球都有良好口碑。不少欧美病人都愿意以旅游治病方式来印度求医，尤其是牙科、眼科这类专科治疗。不过就我亲身体会，印度医生虽然有许多优点，但是如果你有急病就需要多担待了，印度人做事不紧不慢的秉性也会反映在救治病人方面。比如我在一家私人诊所治疗牙病，说好只用2个月，结果延迟了4个月。其间发生了许多意想不到的事情：他的助手去外地度假用了两星期，他患感冒浪费了一星期，有个在国外的病人要他去动手术又花了一星期……搞得我几乎崩溃。告诫那些想来印度治病的人，面对时间观念不强的印度医生一定要做好心理准备。

第二章　日常生活

〖印度草药〗

印度多哲人,也多有对生命和健康的沉思。人生无常,"春日才见杨柳绿,秋风又遇菊花黄",病痛死亡始终是人类无法逾越的苦难。印度虽然被英国人统治了100多年,对西医西药的认识早已经深入骨髓,但许多人依然像中国人笃信中医一样对本地的土方草药情有独钟。我以为西医重实证,治疗方式从物质到物质;中医与印医多有相通处,二者涵盖了东方人的哲学观念,在治疗中糅合进精神因素,强调阴阳平衡、扶正祛邪,从而除病养生。

土方治病

孟买城市各处生长着一种绿叶乔木,当地人叫Neem,它

的叶子有降血糖作用,对心脏也有裨益。我从树下经过时喜欢随手摘下几片,用清水洗后放在嘴里咀嚼,味道苦而涩。据说节日里印度教徒要煮 5 种食物吃,让子孙后代记住人生的酸甜苦辣咸,其中的苦味就是用 Neem 叶子煮出来的。这种叶子可以像茶叶一样泡水喝,但不可多吃。一次我多嚼了几片,立刻头晕眼花冒冷汗,几乎虚脱。一位路过的邻居告诉我,大些的叶片每天只能吃一片。他心脏不好,做过搭桥手术,每天都坚持咀嚼一片 Neem 叶。我疑心自己因为多嚼了几片叶子引起血糖急遽降低,才会冷汗淋漓。

印度医病的土方五花八门。一天我和朋友在新德里某条小巷发现一家土特产专卖店,陈旧而富有沧桑感的柜台上放着一些粗糙纸盒,其中一个用印地文和英文写着"治疗糖尿病"。听店主说内装一种叫吉纳树的神奇木块,可以控制糖尿病、改善消化功能、净化血液、缓解皮肤病、降血压、治疗关节疼痛、减肥……听上去好像太上老君炼制的仙丹一样可以包医百病。朋友恰好膝关节痛,花 120 卢比买了一盒,猜想这种植物做的药即使吃不好也吃不死,试试无妨。她按照说明一连几晚把木块泡进水里,翌日喝掉。我问效果如何,她说服用后膝关节好像确实不疼了。果真如此神奇?我怀疑也许是心理作用。

我在孟买一家工艺品店见到几位妇女凑在柜台前,认真地挑选檀香木块。一位老妇人告诉我,用木块在粗石上磨出粉末,与清水和成浆抹在脸上可以防暑祛湿气。木块 135 卢比一块,核桃大小,我也凑趣买了几块,装在衣兜里,一任淡淡的檀香

第二章　日常生活

在身边环绕追随。

另一次我去一位华人朋友家聚会，赶上她7岁女儿发烧，脸颊通红的小姑娘无力地蜷缩在沙发里。朋友没给女儿吃退烧药，而是让仆人买了七八个大青椰子，破开后把椰子水倒进锅里，加盐调和，然后倒进杯子让女儿喝下去。她说印度人多用这种土法对付发烧，加盐的椰子水可以去火降温，清咽利尿又没副作用，比吃西药好得多。

我还见过一印度友人8岁儿子磕破了腿，朋友取些姜黄粉用水调匀后敷在伤处，没多久孩子就不喊疼了。据说姜黄粉有很好的止疼效果，其他如咖喱粉、茴香、辣椒、豆蔻等日常食品调料，也都有祛湿镇痛疗效。

来孟买后发现这里的妇女大多长发漆黑，光亮可鉴，上岁数的妇女不仅少有白发，而且敢于在脑后梳起少女式的"马尾巴"。问她们有什么秘诀，都说使用了植物原料的洗发露。那是一种用橙花、甜橙、柠檬、薄荷、精油等原料制造的发乳，洗发后清香怡人。我还发现小店里出售一种用草药做的染发粉，3元人民币一纸包，不会对皮肤有任何腐蚀作用。难怪许多印度老妇都有一头黑发，想必是用它染过。

草药遍地

古吉拉特邦一所医学院院长对印度草药情有独钟。她告诉我当地土壤肥沃、气候宜人，适合草药种植；他们医学院开垦了大片种植地，她在自家院落也培育了一些稀有品种。她非

孟买印象

常希望了解中草药,也期盼有机会去中国与同行切磋。这位院长让我对印度草药略知一二:印度自然条件优越,传统草药有7500多种,经典草药有1200多种。印度各邦都建有草药种植基地,除本国人自用外,还大量出口到国外。

我参观孟买甘地国家公园时看到围栏里种着许多奇异植物,导游介绍说是草药种植园。他小心翼翼地摘下一片灌木叶子展示给我们,说它的提取物可以治疗癌症,看那呵护有加的神情仿佛握着价值连城的宝贝。我们还欣赏到一些具有美容功效的植物,如楝树、藏红花、罗勒、阿拉伯金合欢木、莲花、胡萝卜籽等,用它们提炼出来的油脂或混合制作成的面霜,不仅有神奇的美容效果,还可以增强免疫力。印度楝树被称为神树,也叫乡村土药,其叶子、种子和果仁都可以用于美容品开发。楝树油有排毒、去寄生虫作用,一些当地产的牙膏和香皂都是用楝树果实提炼制作,有很好杀菌作用。我也使用过这种肥皂,味道自然恬淡,在印度湿热气候里大有裨益,可以防螨虫、跳蚤、虱子和各种真菌引起的疾病。

印度中部城市班加罗尔有座大型植物园,几乎每棵树上都挂着小牌子,用当地语和英语写着植物名和疗效。给我印象最深的是一种不知名的高大乔木,其叶似柳,其味悦人。我捡拾了几片落叶随手塞进挎包里,几天后包内竟依然异香不散。当地人说这种叶香有安神作用,把它晾干放进纱包搁置枕旁,成为失眠者的特效药。

在印度南方城市科钦参观圣法兰西斯教堂时,导游专门

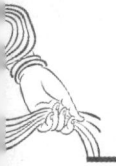

第二章　日常生活

带我们走到后院，指着几棵普通小树介绍说，它们是当地特有的檀香树，全城只剩下这几棵了。她认真地讲述它的叶子如何入药，树皮有何神奇疗效。这种特殊的檀香树生长期漫长，许多都在火灾中被毁，市民们对这几棵硕果仅存的檀香树非常珍视，一到旱季常有人来浇水培土。

寻找生命智慧

我一直认为印医与中医不同源却同理。中医讲究阴阳平衡，扶正祛邪；印医认为疾病源于身、心、灵某一环节失去平衡，人体受到毒素污染。如果你生活习惯不良、心情不佳，长期纠缠在贪欲、嫉妒、愤怒情绪中，就会因浸淫在有毒环境里而患病。草药治疗强调先找疾病内因，解除了病因才能恢复身心健康。

印度传统草药疗法又叫阿育吠陀疗法，历史悠久。阿育吠陀是梵语"生命智慧"，旨在"恢复健康、建立消化力量、创造智慧光亮和个人美丽，敏锐的感官能力和长寿"。这种养生法不仅在印度流行，而且已经风靡欧美，被视为现代医学的一种替代疗法。印度不少高级度假酒店都为西方人提供全套的阿育吠陀疗程。

印度最大的阿育吠陀疗法中心位于喀拉拉邦北部的卡拉利·库维拉空宫殿。那里提供完整的草药精油按摩和草药养生疗程。许多欧州人每到秋天就整团整队地包机飞过来，沐浴在喀拉拉艳阳碧水白沙的美景中，感受草药养生真谛。在10天的治疗中需要全部素食，每天按时喝特制汤药。专业按摩师为游

孟买印象

客做喀拉拉式按摩，按摩油均从植物中提取，如椰子精油、柠檬草油、杏仁油、檀香油等。游客俯卧床上，按摩师将精油抹在他们的头发和身上，在舒缓的音乐中一点点地轻柔按摩，让客人在纯天然植物熏蒸里静默思考。轻轻缓缓的音乐在香雾里袅袅漾开，令人回想山中岁月、海上心情，在和自己的对话中让心灵和身体充分放松。按摩后客人在指导下进入一个大木箱子，进行草药蒸汽浴，蒸熏之后会感到浑身舒坦、神清气爽。

我的两个印度朋友完成10天治疗后说自己好像脱胎换骨一般，身轻如燕，精神矍铄。不过，因为天天素食、不见荤腥，也因此更加馋肉了。

民间土医

有了神奇草药还要有会用的人，就像中医医生能用针灸和草药治病一样。印度有一种民间医生，也叫印度土医或者无资质医生，有点儿像"文革"期间中国流行的"赤脚医生"。这些无注册的土医收费低，有些人医术也不错，城市贫民和偏远乡村的农民都愿意找他们看病。

目前印度大约有60万名注册执业医生，由于很多医生已经移民欧美，实际数量要少得多。注册医生和印度总人口的比率大约是1∶2000，是世界上比例最低的国家之一。在条件艰苦的偏远农村和城市贫民窟，几乎没有正规医生光顾。许多人生了病，就找当地土医生诊治。土医出诊虽然是有偿的，但因为使用的是印度草药，多数就地取材，价格很便宜。有的乡下土医

第二章 日常生活

生甚至看病不收费，只要请他吃顿饭就可以了。还有一些宗教教派的土医生以行善为目的，只为他人解除痛苦，无需任何报酬。他们游走于本教教区，为教徒们排忧解难。

一些印度土医也上过大学，主要学习印度本土医学，包括印度草药学、穆斯林医学、顺势疗法和泰米尔医学。由于阿育吠陀学、锡达医学和尤纳尼医学里经常用草药治病，也成为他们学习的科目。在给病人看病时，这些土医多采取西医诊法，例如量血压、化验血象等，不过，在用药上主要使用印度草药。在广大农村因为交通问题购买西药非常不便，土医一般都使用当地草药，就地取材。

除了上过大学的土医，在农村和城市贫民窟还活跃一些既无资质，且从没受过任何培训的土医。他们的医疗知识有些是祖传的，有些是自学的。在孟买最大的贫民窟达拉维，许多居民偏爱传统草药，最受欢迎的不是注册医生反而是那些无资质的土医。这些土医收费低，而且随叫随到，甚至可以到家中出诊。一位正规注册医生说，当他来到北方邦准备在一个村子里开业行医时，发现那里已经有了28个竞争对手，他们全都是没有任何资质的土医。由于他的诊费过高让当地人难以接受，最终只好离开村子进城寻找机会。

印度的土医虽然弥补了公立医院和私立医院的不足（公立医院候诊时间长，私立医院诊费高），但是因为没有执业资格，难免鱼龙混杂，因用药不当而出现的医疗事故时有发生。故政府对这些土医生并不采取扶植政策，而是鼓励民众去正规医院

看病,以减少对病人的伤害。

　　中国和印度都具有灿烂的文明历史,两国的土地都孕育出独特的草药仙株,尽管一方水土养一方人,如能互通有无相互融合,也许会对人类疾病治疗产生奇效吧。

第二章 日常生活

〖互助养老〗

孟买市中心马拉巴山一带有座帕兰基夫人老年公寓。优雅别致的三层淡粉色小楼依坡而建,欧式门廊虽经风雨剥蚀却并无沧桑感,连绵夏雨后,门前满坡的绿树青草发出沁人心脾的青叶子味。这座拥有起居室、餐厅、阅览室、诊所、会客厅的老年公寓,身处闹市却沉浸在花光掩映、翠鸟轻啼的自然景色中,成为一处闹中取静的疗养地。

容貌清癯 50 多岁的帕兰基夫人是老年公寓的经营者。她的丈夫帕兰基·沙哈吉以经营房地产和石材生意为业,20 多年前低价买下这栋小楼,在夫人建议和推动下改造成老年公寓。帕兰基夫人一生致力于慈善事业,从年轻时就关注老人问题,

孟买印象

随着自己走近暮年,她对养老问题更加关注。

公寓有60套大小不等房间,主要接收65岁以上的退休老人。走进公寓,感受到的不是暮年的衰老气息,而是阳光与生气。一层均为一居室,面积有50平米左右,内放三张单人床和三架原木色简单衣柜。这一层专门接收老年穷人,不仅提供免费住宿,还有免费的一日三餐。住宿没有时限,甚至可以在这里生活到生命终点。

初听起来令人惊讶,孟买的贫民窟举世闻名,贫穷者多如蝼蚁,若大家都蜂拥至此岂不挤爆了公寓?经询问才知道,帕兰基夫妇都信仰拜火教,有着强烈的本教自豪感,他们免费收留的都是些穷困潦倒的老年拜火教徒,为他们提供有尊严的晚年生活。拜火教徒在孟买人数不多,而且大多经商有道已跻身富裕阶层,例如著名的塔塔集团就是由拜火教徒开创,传承几代都坚守信仰,现在执掌集团的塔塔也是拜火教徒。这个教派在印度只有几万人,而且贫困者寥寥,才使帕兰基夫人的老年公寓有可能免费收留穷教徒。

公寓二层是带卫生间、阳台的套间,面积约70平方米,一张床位8000卢比/月(约合900元人民币),一对夫妇租一套为15000卢比,包括一日三餐。二层首先接纳有一定经济实力的拜火教徒,如果有空余床位,即使你不是教徒,只要声名清白,按时交纳费用,也可以享用。许多普通白领都向往退休后住进帕兰基夫人老年公寓,前提是能够等到腾出的富余床位。由于报名人多,需要排队等候。住进二层的老人基本是退休的小

第二章 日常生活

企业主和公务员。印度公务员在职期间可以享受政府提供的宽大住房，退休后要搬出去。有些公务员在职时买下住房，另一些则在退休后拿着积蓄和养老金住进养老公寓。

公寓三层是豪华套间，不仅拥有大浴室、大阳台，还有自家小厨房。套间里家具陈设精致，窗明几净纤尘不染，各种电器一应俱全，费用是二层的两到三倍。住在这里的都是身家百万富裕的老年拜火教徒，退休前都是大企业家大金融家或政府高官。他们对高收费毫并不在意，只求能享受高品质的晚年生活。有些老人儿孙满堂，而且都住在孟买，却不想和孩子们一起生活。他们说孩子们整天忙工作不照面，而且两代人关注的问题和兴趣都大相径庭，不如搬来养老公寓与同龄人一起生活更快乐。

养老公寓的阅览室和会客室设在二楼，阳光透过窗外的栎树枝叶洒进室内，显得格外敞亮。下午茶时间到了，老人们闲坐在藤条编制的小桌旁读书闲聊，一边喝着加糖的玛萨拉茶，一边和来访的朋友们愉快交谈。帕兰基夫人喜欢这个时间来看望大家，询问意见，而老人们也把她当做自己的亲人。诊所也设在二楼，有几个长期在此工作的护士，用轮椅推着腿脚不便的老人在院子里晒太阳。那些患病的老人每天都可以得到测量血压、血糖等护理。公寓和附近的几家医院有长期合作关系，如果老人得了急病，会得到及时救助。总之，住在这里的老人看上去都很快乐。

帕兰基夫人除自己出资维持公寓日常开销外，也用公寓里

孟买印象

富裕老人的所缴纳的款项补贴穷困教徒。这座三层小楼显示着印度社会的阶层分化，也体现着帕兰基夫妇富帮穷、强扶弱的互助养老理想。

　　印度是个年轻国家，有数据显示其人口总数已经超过12亿，25岁以下人口高达半数以上。由于生活和卫生条件印度人平均寿命还处于低水平，例如孟买人均寿命才65岁。与中国相比，养老问题不那么突出。许多老人尤其是富裕的印度教人士倾向居家养老，依仗尚未破除的种姓制度，他们不用破费过多就可以雇佣多个低种姓年轻仆人。然而伴随经济发展，印度大城市出现少子化，人力价格随之上涨；加上低种姓青年受教育程度不断提高，不愿再从事仆人等工作，谁来养老的问题也会凸现。帕兰基夫人养老公寓先行一步，为社会做出榜样。

　　时光流逝岁月如刀，人们无论穷富，都会经历繁华落尽的沧桑，面对孤老和死亡。当富贵功名皆成前尘往事，人性所至，每个人都憧憬着安详的晚年，希冀有尊严的老年生活。"人"字最深刻的含义就在于互相支撑扶助，印度的慈善家们尽管不能大庇天下寒士俱欢颜，毕竟在为帮助弱势老人尽力。在孟买，帕兰基夫妇选择了本教派的穷困老者，让他们安度晚年；在加尔各答，诺贝尔和平奖获得者、伟大的特里萨嬷嬷选择了贫病的垂死者，为他们送去临终关怀；在世界的各个角落，许多慈善家们都在同宗教、同民族、同母校、同职业中选择弱势老人给予帮扶。

　　帕兰基夫人养老公寓给我以启迪：或许在养老资源匮乏的

第二章 日常生活

中国,也应该有这样相互扶助的养老公寓。帕兰基夫人分教派扶助穷困者,我们可以针对不同职业建立养老公寓:如医生养老公寓、律师、教师、外交官、工程师、制造工人……;甚至建立有共同遭遇群体的养老公寓,让那些残疾人、癌症患者、失去孩子的父母等结伴居住,像帕兰基夫人老年公寓一样,由本团体中的富人扶助贫者,强者赞助弱者,大家相互理解相互慰藉。希冀能有更多的慈善组织和个人热心养老事业,让关爱的火炬温暖和照亮每个人的晚年生活。

〖不当工作狂〗

与其他亚洲国家职场人士不同,印度人少有工作狂。听说过日本白领"过劳死",中国员工因压力大跳楼,但几乎没听过印度人因工作而崩溃。印度以"就业难"闻名,而一旦找到稳定工作,人们更愿意高枕无忧地享受生活。

工作不是最重要的

一次和印度朋友聊天,他说看见中资企业里的中国人晚上经常加班,甚至周末还加班,整天一副忙碌辛苦的样子。他不理解这样拼命工作为了什么?我说他们是为了多挣钱。他表示更加不理解,认为人生应该以开心快乐为先。在他看来,工

第二章　日常生活

作并不是最重要的,有时间加班还不如多去和朋友聚会聊天、读书,或者坐在海边吹海风。我问他,印度人难道不需要挣钱养家吗?不需要多赚钱让亲人过得更好吗?而他却说,挣钱够吃就行了,不必把自己搞得那么辛苦;让亲人生活得更好有许多方法,不一定和钱有关系。

一些印度白领就住在贫民窟里,自我感觉良好,从不想攒钱买房子,也不觉得没面子,重要的是活得轻松快乐。我认识一个在外国领事馆做文秘的印度人,出身高种姓,大学毕业多年,40岁了还没结婚,和父母、兄弟挤住在城里一套不大的房子里。他每个月都要有规律地请假几天,从不担心扣薪水。我问他为什么这样,他说觉得天天上班自由活动时间太少,宁愿被扣奖金。在他看来,钱只是工资单上的一串数字,多一些少一点意义不大。其实他没有任何社会保障,也没有"五险一金",难道他不替自己将来打算吗?

我后来有些理解他了,因为许多印度人都不愿意为将来打算。他们喜欢简单生活,享受乐趣。每天早上出门时,我经常看见有流浪汉睡在马路旁的便道上,那里只有一人宽。他们和衣而睡,以天当房,以树当帐,甜甜地沉浸于梦乡。孟买气候温和宜人,即使睡在外面也很舒适惬意。既然如此,为什么非要拼命挣钱买房呢?不过这种情况移植到北京肯定行不通,寒冬腊月谁敢睡在马路上?我想,地理气候、生活环境最能诠释一个民族的性情,我有些理解印度人不当工作狂——这片富饶的土地太养人了。

孟买印象

印度人心中的好工作

印度人反对当工作狂,但是人人心中都有对理想职业的憧憬。在印度求职最困难,一旦好工作到手基本可以高枕无忧了。比如当教师、法官、公务员等,入门甚难,而进去后就捧定了铁饭碗。

印度独立后,大学毕业生最喜欢的三大职业一直是医生、工程师和律师;进入 21 世纪这三大理想职业让位给了软件工程师。2008 年金融危机爆发后,最受青睐的职业已经逐渐变成了公务员、医生和外包服务业职员。这种转变主要根据薪水高低和职业稳定性而变化。

公务员,一生的铁饭碗

在印度,一旦能够通过"全印公务员系统"考试成为一名公务员,就意味着一步跨进了上流社会。公务员不但社会地位高、受人尊敬、工作稳定,收入也相当可观,薪酬比在私营部门中工作的同龄高 3 倍,另有交通补贴、子女优生费、粮食补贴、通讯费、特困地区或基层补贴费等项目。每年除法定节假日外,还能享受 1 个月带薪假、20 天医疗假、20 天半薪假等。在税务、交通等部门的公务员"油水"更大。而且在印度宪法奇怪的"311 条款"的保护下,涉及贪腐的公务员不会被降职,更不用说解雇了。

因此,每年"全印公务员系统"考试时应届毕业生蜂拥报考,形成"千军万马过独木桥"的局面。印度的公务员考试号称是全世界最难的考试,几乎成为印度第一大考。名落孙山的毕

第二章 日常生活

业生有的考研继续深造,有的迫于生活压力接受低薪工作。

公务员考试由印度联邦公务员委员会组织,每年一次。凡年龄在 21 岁到 30 岁之间、拥有国家承认的本科学历的人都可以报名。考试分为初试、主试和面试三个阶段,需要一年时间才能考完。公务员每年录取的名额只有 1000 名左右。虽然考试艰难,但无数学子还是怀着极大热情报考,人数常常达到几十万,而录取率仅为千分之一。可以想象能端上铁饭碗的人在考试的一年中,曾经历了多么艰难的心路历程。

医生,令人羡慕的职业

医生在印度是一份让人羡慕的职业,收入丰厚,尤其是私立医院医生和拥有私人诊所的医生,月收入在 2 万到 30 万卢比之间,还可以成为一张移民通行证(有执业资格的医生移民西方发达国家更容易)。因此,每年医学院录取考试都竞争激烈,有超过 10 万名高中毕业生参加角逐。

医学院学生毕业时必须通过印度医学会设置的执业医师准入考试(MCI),作为印度医学专业学生步入职业生涯的"敲门砖",平均通过率仅为 7% 左右。进入门槛并不等于就成了医生,毕业后必须到私人诊所、私人医院或公立医院实习两年(实习期间医院也给一定报酬,视谈判情况而定),才可以做医生。此后必须有 15 年以上从医经历才能独立开诊所,否则只能挂靠在其他诊所下进行营业。

由于公立医科大学竞争激烈,招收学生少故不能满足社会需要。政府便鼓励社会建立各类私立医学院和营利性医学院，私立医学机构收费昂贵，每年除收取3000到6000美元不等学费外，还会加收4万到5万美元的人头费（又名"捐款"），因此能上这类学校的一般都是富家子弟。

付出如此高昂的成本，医学院学生更加期待一份回报丰厚的职业，而这种期望只有在西方发达国家可以获得。在印度，出国接受研究生教育一直被年轻医生视为一种荣耀。目前有将近6万名印度医生在美国、英国、加拿大和澳大利亚工作。他们的高薪生活为医生这个职业增加了五彩光环，促使印度国内的年轻学子们勇攀医学院的高门槛。

外包服务业，创业者最爱

英国人对印度100多年统治最大一笔遗产就是让这个国家广泛使用英语。当东西方国家接轨时，使用英语的国家总能抢占先机。伴随西方发达国家需求增加，印度的外包服务业也兴盛发达起来，甚至成为带动这个国家经济增长的强劲动力。

2006年，印度的外包服务业（软件服务、金融服务、通讯服务等）占到全年经济总量一半以上。即使在2008年世界金融危机后，服务业的经济效益依然几乎达到经济总量一半。目前印度外包服务业从业人员仅有200多万人，但创造的外汇收入远远多于几亿农民的出口创汇。外包业薪水高并接触世界高端技术，一直成为年轻人向往的职业。

一位住在美国加利福尼亚的朋友告诉我，她习惯于在晚上

第二章 日常生活

孩子睡下后向银行电话咨询有关贷款和信用卡业务,一般都在夜里12点;每次咨询时回答她的接待员一听口音就是印度人。这些人在印度国内替美国银行做业务,办公室一般设在孟买和班加罗尔。美国大银行喜欢把咨询业务外包给印度人,让他们通过电话来为全球客户服务。不仅因为印度人工费便宜,印度人会说英语,更重要的还有时间差。许多美国客户习惯半夜做电话咨询,而此时正是印度白天上班时间。

一些欧美公司为了节约人力成本,甚至将公司的客户接待、服务员、电话咨询员等工作外包给印度公司,通过电脑视频,那些远在印度的工作人员俨然成了这些大公司的一分子。

玛格丽特是印度钦奈一家叫TCR小公司的职员,她的工作是为美国华盛顿特区一家6人工作室做虚拟接待员。她每天坐在电脑前,通过屏幕可以看见这家工作室的来访者,客人也可以通过屏幕看到她的盈盈笑脸。玛格丽特"迎接"他们进入办公室,穿过走廊进入会客室,引导来客去厨房自己倒咖啡喝。到了中午,这家工作室的员工会给玛格丽特打电话,让她代订匹萨或汉堡包,还有人请她代订出租车。她收到任务后马上给工作室附近的匹萨店打电话,再联系出租车公司。玛格丽特同时还是几家小型公司的接待员,这些公司有的设在美国,有的在德国和瑞典。玛格丽特很喜欢这份工作,只需要一部手机,即使不在办公室也可以工作,而且有更多时间照顾孩子。

一位印度朋友告诉我说,她妹妹在孟买有一家小公司,专门负责国际期刊出版工作,甚至包括艰深的学术期刊。他们为

101

欧美大型出版公司做策划、编辑和校对。有时候只接到一个写作题目，比如某个医学杂志需要一篇关于新型牙科技术的后续调查文章，需要调查多个患者的满意度，他们必须自己去调研去找人写作。这些业务以前都在欧美本土进行，因为印度人力便宜，语言又方便，便纷纷向印度转移。

　　上述这些小公司只需要有一个小办公室，几个人、几台电脑，花十几万卢比（2万多人民币）就可以起步，很受创业者青睐。那些从公务员竞争中败北又暂时没有理想工作的高校毕业生，更愿意尝试自己创业。2008年金融危机后，尽管外包业务不断退热，但是创业精神却留在了众多印度知识分子的血液中，推动他们去开辟新的领域。

第二章 日常生活

〖印度遭遇就业难〗

2015年9月,印度北方邦政府向社会招聘368个打杂岗位,竟有超过230万人应聘,消息一披露引起不小轰动,印度的就业难可见一斑。

毕业生难就业

我家房东的大儿子米塔尔是个刚出校门的大学生,毕业前就签下了一份软件工程师工作,房东很为他骄傲。一次和米塔尔聊起来,他告诉我印度现在就业艰难,他在同学中属于凤毛麟角,许多同学毕业半年多工作依然没着落。几个同学被迫挨家挨户去推销保单,有的去商店站柜台,也有的目前还宅在家里。他的一位好朋友一心想进银行工作,因为不能如愿只好在父亲石料切割工厂里上班,很不开心。还有不少前几年毕业的师哥师姐,到现在还在做临时工。米塔尔想不通,国家经济形势这么好,为什么个人求职反而如此困难?

事实是,尽管印度高科技带动GDP高速奔驰,但只创造了200多万个高薪就业岗位,即12亿人口只有0.2%的人从事体面的高收入工作。印度大学毕业生连年暴增,使就业尤其艰难,已经困扰整个社会。2009年大学生失业率高达20%以上,不过与后面的年份相比,这一年毕业生还算是幸运儿;此后外国大公司纷纷减少了在印业务,外包业降温,更加剧了大学生就业难。除少数占总数2%的精英学院学生外,普通大学毕业生们只能从事薪水较低的文职工作,甚至长期处于失业状态。

年轻人就业难已经是世界范围难题,印度人口众多,问题被加倍放大。目前印度状况是:大学生找不到工作,企业招不到合适人才。印度全国软件与服务公司协会的一份研究报告说,大学毕业生只有10%符合大公司要求,而IT专业的学生只有25%能胜任知名IT公司的软件工程师。

为了提高毕业生就业率,政府一方面制止院校盲目扩招,另一方面鼓励学校教育与社会实践结合。大学生兼职受到赞许,不少企业也开始吸收大三学生实习,这些都有利于大学毕业生就业难的现状。

进城农民失业多

除大学生外,印度另一巨大失业群体是进城农民。从报道

第二章　日常生活

上得知许多偏远地区的农民生活十分艰苦，2010年北方邦本坎德区有数千农民因为无钱还贷走投无路，甚至不得不卖妻筹钱。他们以4000卢比—1.2万卢比的价格将妻子"贱卖"给放债人，姿色不同的女子价格也不同，长相越俊，价格越高。这样艰苦的生活迫使许多年轻农民纷纷出走，去大城市讨生活。越是艰苦地区的农民出逃越多，大多数都集中到新德里、加尔各答和孟买。他们觉得在城市里再苦，也比呆在家乡挨饿好。

印度政府的一项调查上说，全国有40%的农民想要放弃种地，前往城市找工作。可进了城市才发现"理想很丰满，现实很骨感"。大城市缺乏低端劳动密集型产业消化这些流民，更没有众多大型建筑工程需要雇人。他们没钱花，没地方住，偶尔会找到类似擦车、扫街、刷漆、为渔市拉冰块等工作，多数时间只好在街上流浪靠乞讨为生。我经常看到一些衣衫褴褛的进城农民聚在一起等候工头派活，他们收入很低，每天只有50多卢比，只能保证不饿肚子。

大量农民进城让政府措手不及。印度没有户籍制，在孟买、新德里这样的超大城市，人口无序增加带来了缺水少电压力，交通也更加拥堵。有一次，我和一位德国朋友聊起进城农民，她说实在很难理解这些人为什么甘愿住在肮脏的贫民窟里也不回农村去？在绿色田野里除草，给牛羊挤奶，是多么美妙安逸的田园生活啊！我回答说，因为住在肮脏的贫民窟还能得到政府救济，吃到配发的带沙的粗粮，总比在农村饿肚子强。

2010年印度政府拟订了一项"建设新农村"计划，吸引农民返乡，为农村人口进城热降温。政府投入大笔资金，希望加快农村各种设施建设，通电引水，修路造桥，创造良好生活条件以延缓农民进城步伐。不过时至今日并未取得明显成果，还白白浪费了不少金钱。主要症结在于政策虽好但执行效率低，政府投的钱经官员们层层盘剥很难到达基层乡村。此外，一些进城农民已经卖掉了原有土地，无地可种如何回乡生活？看来如何吸引进城农民返乡，还需要诸多努力。

没事找事做

人多活计少，为了不让流民生事，地方政府挖空心思创造工作机会让农民干。在孟买，为了让流浪汉有事做，有关方面提供了一些可有可无的工作：比如给公园反复修理草坪，不断地翻修马路，砌个花池再推倒重来，民工们干一天可以得到50—100卢比，他们拿到钱后立刻到街边的小摊上买吃的，解决饿肚子问题。如果有富余的钱，也会积攒起来寄到乡下。

在孟买的几年中，每到6月至9月的雨季，我都会看到许多公寓楼的外面搭起竹子脚手架，一些民工爬上去给楼房外墙面刷一层保护漆。其实保护漆没有必要年年刷，但是为了增加就业机会，当局到处搭起脚手架。这些民工缺乏训练，也没什么责任感，常常做到一半就踪影全无，像闲云野鹤一样去另一个城市流浪了。结果公寓外的脚手架搁置在那里无人问津。我们公寓外立面的脚手架搭建了半年没人理睬，而旁边那座居民楼更加不幸，我来孟买两年后，那些脚手架纹丝不动，好像已经

第二章　日常生活

成了公寓不可分割的一部分。

　　我家租住的公寓楼下有个小超市，原来只有几名工作人员，分别从事上货、收费和导购。现在超市门口又多了两名30多岁的男人，穿着制服，既不是保安也不是售货员。他们的工作很简单，就是当你提着菜走到门口时，负责在你的小票上盖个"已付"的章。我后来在政府店买东西时，发现不仅门口多了两个盖章的人，在收银台的一头还多了一个年轻女人，专门给顾客递塑料袋——原来这项工作是收银员做的，添加这个职位完全多余。一个人的工作拆成两个人做，或者挖空心思不怕烦琐地增加手续，我想，这或许也是印度人解决失业的一种办法吧。

〖在孟买上小学〗

一些来孟买工作的外国人因为带着孩子赴任,不免要面对在当地上学问题。我朋友的女儿欣欣已满7周岁,刚来孟买就忙着找学校。当地小学分成几大类:公立学校、教会学校、私立学校和国际学校。要找个教学质量高,学费不太贵,又离家近的学校并不容易,看她伤脑筋的样子,就知道此事颇费周章。

公立与私立

在印度,儿童年满6岁就可入学,进大学前要经过12个年级的学习。1到5年级是小学;6到8年级是初中;9到10年级是高中。11和12年级被称作"后高中"阶段,是学生进入大学

第二章 日常生活

前的"预备阶段",只有重点学校才设置。印度的学校教育也因此被称为"10＋2"体系。印度的公立学校实行免费教育,但大多数校舍陈旧、师资不足,教育质量也差;据说公立学校教师因为是终身制缺勤现象严重,有些学校的老师为在外面打工赚钱经常旷课;再者公立学校接收的穷孩子多,家长中有乞丐偷儿也说不准,社会关系复杂,但凡有点儿经济实力的家庭都不愿意让孩子去那里读书。在我们领馆工作的当地雇员尽管收入不高也都要省吃俭用,凑钱让孩子进普通私立学校。孟买的中产阶级一般青睐普通私立和教会学校,而腰缠万贯的富人则会把孩子送进贵族私立学校(又称国际学校)。

我朋友首先考虑的是私立学校。孟买最早的一些私立学校都是独立前英国人开办的,原本是寄宿学校,效仿英国全日制寄宿校模式招收富家子弟。学校条件十分优裕,校舍宽敞明亮,宿舍干净整齐,还建有操场和板球场。这些学校一般坐落在远离城市的风景区,校园依山傍湖,风光旖旎。一次我们去离孟买3个小时车程的避暑胜地拉罗瓦,同行的印度朋友指着一片青山说,他原来就在这一带的寄宿小学上学。他说当年在学校时生活优裕,吃穿住都有专人照顾,生活老师手下有几个勤杂工,专门为他们洗衣服。学校收费很高,每年的学费加食宿费一共要15万卢比(约合2.2万人民币)。

一些教育专家不断指出寄宿制度的弊病,认为孩子需要和父母多交流,到社会上学习生活经验,而不是整天关在学校里学习书本知识。上世纪80年代后,印度各地寄宿学校学校纷纷关闭，有的改建成度假村。取代寄宿学校的是私立学校。私立学校分为普通私立和贵族私立（又称国际学校），国际学校的老师来自世界各地，一年学费两万美元，相当于当地普通居民10年的薪水收入。孟买大富翁安巴尼夫人开办的信实国际学校学费更高，每年至少要3万美元。普通私立学校因为开办较多竞争激烈，学费逐渐走向平民化。孟买月收入在1万卢比左右的人都愿意把孩子送进普通私立，年学费一般为7000到8000卢比。

教会学校

出乎意料的是，我朋友最后决定把女儿送进教会学校，没有其他更多原因，就是一个字：近。在交通拥堵安全问题堪虞的孟买，这的确是个不错的选择。

教会学校是印度教育的一大特色，最初是英国人为布道而创办的，多为男女分校。教会学校的资金除向学生收费外，还来自宗教组织赞助，因此学费较低。这类学校大都设在城市中心区的教堂附近，校舍是19世纪的巴罗克建筑，沉淀着厚重的历史感。教会学校以管理严格闻名，教学质量比普通私立好，但比不上国际学校，因为那类贵族学校往往以高薪向全球聘请优秀老师。

教会学校校长一般都是神父。学生每天穿着整齐划一的校服上学，女生头发扎成两个小辫子，统一系上白色或黑色蝴蝶结。欣欣头发短，只好在脑后别上蝴蝶结卡子。她说老师每

第二章 日常生活

天都在校门口检查，不合格者会受到批评。放学时有校车送到学生家门口，为安全起见一般不许学生走路回家。

与其他学校比，教会学校更注重学生心灵和道德品质培养。每天放学后要派给学生做一份校园工作，有时还让他们参加照顾小动物活动，培养博爱情操。教会学校带有慈善性质，在接收学生时不问出身，只要你家住在学校附近就可以入学，因此有的家长认为学校学生来源太杂，不同宗教、不同语言、不同阶层的子弟混在一起很不适应，纷纷给孩子转学。

欣欣刚入学时也很不习惯，她告诉我班上有的同学"脏兮兮"的。学生自带午饭，学校没地方热，到了中午孩子们就坐在教室里吃已经冰凉的午餐。印度小学生一般早上7点半上学，下午2点半放学，中午在学校里吃顿饭，以免坚持不下来。班上有个穆斯林女同学家境困难，平时只带一大把从路边买的炒黄豆当干粮，上课时饿了就从座位里拿出来吃。谁带的饭好，大家都要围过来尝一尝。欣欣经常带一饭盒夹鸡蛋和火腿肠的三明治，周围同学看着眼馋，都抢着要和她换饭吃。

时间长了，欣欣似乎对这一切习惯了。语文课学习英语和印地语，算术很简单；最让她开心的是印度老师几乎不留家庭作业，还一再强调家长不要请家教。放学时老师把课本统统收走，第二天再发还，怕孩子们回家被家长逼着复习功课。欣欣告诉我学校手工课多，很有意思。老师教孩子粘贴图画，编织帽子、画画、用硬纸做小玩意儿等。我经常看到她放学后在路上自我陶醉地边走边唱，还会情不自禁地翩然起舞。有时我随口问

孟买印象

今天上什么课,她的回答不是学舞蹈,就是学唱歌。今天学卡塔克舞,明天学婆罗多舞,好像她进的不是学校而是舞蹈训练班。无论上学放假,她脸上总是洋溢着轻松开心的光泽,不像国内孩子那样精神紧张。

教学灵活多样

一位朋友的孩子在普通私立学校上5年级,她说老师经常把学生分成若干小组,出一些题目让他们去查资料,几个组之间还要展开竞赛。比如老师给她布置的作业是查找古罗马5位皇帝的生平事迹,然后写文章进行评价。有一次还要求他们画一张心脏图,标明左心室右心房、动脉静脉等。期末不是紧张备考,而是让他们去搞社会调查,填写自己爷爷奶奶的情况;例如为什么会来孟买,孟买与自己家乡有什么区别,等等。她妈妈说,5年级的孩子很难找到相关资料,其实都是给家长留作业呢。

朋友告诉我,除了这些别出心裁的实践课,学校还会给小学高年级学生安排沉思课或者瑜伽课,据说是为了缓解压力而设置的放松课(我以为印度小学生实在没什么压力)。上课前,学生们要帮助老师整理教室,如扫地、擦黑板、擦桌椅等,然后共同参加沉思课。学校每天3次敲锣,锣声响过后,全体师生静默冥想片刻。沉思的时间可长可短,沉思之后老师才真正开始上课。据说这是让学生"与内在自我交流",找到自我的一种方式。

我家对面就是一所小学,每天早上天刚蒙蒙亮就听见从

第二章　日常生活

校园里传来高唱印度国歌的童声，那是印度伟大诗人泰戈尔写的《人民的意志》。这样日复一日地反复咏唱，旨在加强孩子们对自己祖国的热爱之情。我以为这种爱国主义教育比在课堂上专门灌输有效得多。孟买小学生们很少在教室里死记硬背地听课，多数学校经常组织运动会、野餐、参观博物馆等，寓教于乐。有人说印度人的幸福指数远超中国人，我想大约从小学开始这种差别就萌芽了。两种教学方式孰优孰劣，值得思考。

在教会学校里上学的孩子都是来自有一定经济实力的家庭，他们尚且拿黄豆当午饭，那些住在贫民窟里的穷孩子就更不用说了。这些家庭常在为如何吃饱饭发愁，虽然上公立学校基本是免费的，却无力提供孩子的餐饭。在印度北部的比哈尔邦、北方邦和孟加拉邦贫困地区，有许多孩子因为饥饿只好中途退学。

为了鼓励穷人家的孩子进学校接受教育，印度从2001年开始向全国所有公立学校的学生提供一顿免费午餐，现在这项"免费午餐计划"已经坚持10年了，由于受惠人数众多，可以说是全球迄今为止规模最大的"免费午餐计划"。免费午餐主要是一些传统的印式食品，比如小面饼、米饭、咖喱蔬菜、牛奶等，这些食物基本能满足孩子们一天的营养需要。对许多穷困家庭的孩子来说，免费午餐甚至是他们一天里唯一的一顿饭，就靠着这顿饭来度过一天的时光。这样一来，家长们也愿意把孩子送进学校上学，而不是留在家里帮大人干活。尽管现在免费午餐计划不是非常完善，但对贫困家庭的孩子可说是福音，也让很多印度小孩重新走进校园。

在印度的一些学校里，经常会有学生在教室里静思冥想，或者排练戏剧和练瑜伽，开始我看到的时候以为这是学生在课间休息，后来问起朋友，才知道这其实是学校为了让学生更好地缓解压力，而特别设置的放松课。学校的老师说，这是让学生"与内在自我交流"，让心绪宁静下来，找到自我的一种方式。在印度，越来越多的学校正在引入和开设这样的课程，特别针对是10年级以后的学生，让他们的压力和焦虑得到缓解。

戏剧课和瑜珈课也是学校特别为学生设计的减压法，让他们可以从紧张情绪中暂时转移出来，从而放松心情，轻松上阵。许多学生都说戏剧课让他们受益匪浅，不仅提高了艺术水平，也缓解了焦虑情绪。

第二章　日常生活

〖留学印度〗

来印度后,接连有朋友托我打听关于到印度留学事,概因印度大学教育口碑好,且入学不需要考雅思、托福,签证不用找经济担保,最重要的还是学费和生活费低廉,适合国内普通中产家庭。

一位在印度学习了三年的中国留学生告诉我,目前在孟买、班加罗尔、普纳和迈索尔等城市有500多名中国留学生,大部分为自费生。如果学的是热门专业,比如工商管理和计算机专业,本科生每年需要交学费10万卢比(约合1.4万人民币),研究生需要18万卢比;如果是冷门专业,类似文学、哲学等,本科生只收1.5万卢比,研究生2万卢比。在印度留学食宿费略

孟买印象

高于国内院校，却比在欧美上大学便宜许多。

不过让人头疼的问题也不少。首先是留学印度只能拿到3个月的学生签证，这就意味着3个月后就要到首都新德里移民局去延期签证；不管你在印度哪个地方留学，都要千里迢迢坐飞机或者火车赶赴新德里，还要在那里花钱找房子住下，耐心等待移民局的回复。如果运气不好，遇到什么意外没有及时签证延期的话，只能回中国重新办理赴印度的留学签证。一些留印的中国学生久而久之心生悔意，认为当初国内的留学中介没有讲清楚，来印度以后有上当之感。

其次是印度大学学位证书颁发迟缓，一般毕业后8个月才能拿到。这期间中国毕业生如果想在印度等待只能办理3个月的旅游签证，而且不能在当地找工作。许多人干脆回国，委托朋友帮助拿到证书寄回中国。一个已经毕业回国的年轻人告诉我，由于不能在印度及时拿到毕业证书，对她作为应届生在国内找工作有一定影响。即使如此，留学印度的中国学生与日俱增，领馆需要处理的涉及中国留学生案件也不断增多，如丢失护照、与房东发生租金纠纷等，至少说明印度高等教育有可取之处。

印度大学——穷人俱乐部

近几年来，印度政府在教育方面投入已达到GDP的6%本着尼赫鲁时期就已经形成的高等教育优先的政策，其中至少一半的钱投给了大学。因为投入大量资金，印度大学生需要缴纳的学费很少，几乎是免学费，而且从租住宿舍到乘车出行，

第二章 日常生活

都可以享受种种优惠。上大学对穷孩子来说是进城的门票和福利,等于拿到了一笔生活补贴。因此,印度的大学也被戏称为"穷人俱乐部"。

从1947年独立后至今的半个多世纪里,印度大学学费一直没怎么涨,无论物价如何波动,学费几乎不变,一直维持在每学期180卢比(3-4美元,20多元人民币),这点儿学费即使是印度极度贫困的穷人也能付得起。不过低学费只针对印度本国人,外国留学生不在此列。

我间接认识一名叫姬兰的孟买大学新生,她来自经济落后的拉贾斯坦邦。她说多亏了几乎免费的高等教育体制,她才能够离开贫困家乡来到新德里实现大学梦。孟买房租很高,但大学学生宿舍的租金一个月不过40卢比,相当于7元人民币;大学食堂伙食也很便宜,一两个卢比就可以吃饱;如果坐汽车、火车、飞机等,只要出示学生证可以享受50%优惠。在孟买,像姬兰这样的农村孩子很常见,他们依靠自己的勤奋走进大学校园,教育费用基本由政府承担。

印度的大学一直努力帮助穷孩子完成高等教育。大学拿到政府拨款或社会捐赠后,不是把钱浪费在建设豪华校舍上,而是用于支付教学。即使最有名的尼赫鲁大学、孟买大学等,都没有盖过新的教学楼和宿舍楼。印度高校一般很少打学生钱袋主意,比如高校的教材和教辅教材都是由学生自己到书店去买,减少中间环节,减轻学生负担。不过单纯靠少收学费、降低住宿费无法完全解决贫困学生的问题,印度大学一般会鼓励学生去社会上兼职。在课程安排上，一些高校也表现得非常灵活，很少强迫完成作业，每天都会给学生留出打工时间，也允许学生以"半工半读"的方式完成学业。

不过，私立大学的成长对"穷人俱乐部"带来了冲击。印度以前一直不允许私人资金进入大学领域，直到20世纪90年代后才允许创办私立大学。私立大学一般以盈利为目的，也有一些由非盈利信托组织赞助开办。最初的私立大学设备落后，师资力量差，结果是经济条件差的学生无力入学，家庭富裕的学生又不屑问津。经过20年发展，市场大浪淘沙，很快将那些仅以盈利为目的的学校淘汰，只剩下一些办学严谨的私立大学。现在私立大学的水平已接近甚至与地区公立大学持平。

私立大学以高薪聘请教师，那些待遇差又有一定水平的二三流公立大学老师成了他们的主要目标，这也给公立大学造成不小压力。公立大学无力加薪，只能坐视优秀老师被挖走。有教育界人士担心，如果让私立大学逐渐成为主导，那么未来贫苦孩子将不能享受低廉学费，实现他们的大学梦了。这种担心是否会成为现实，还有待时间来证明。

印度理工学院

印度民间有句流行语："一流学生进IIT（印度理工学院），二流学生才出国"。在全世界所有大学中，IIT的毕业生成为百万美元富翁的比例最高。每年12月，各跨国公司纷纷进驻IIT的7所校园求才（孟买、新德里、鲁尔基、高哈蒂、坎普尔、

第二章 日常生活

克勒格布尔和钦奈),通常在两个星期之内所有学生都被"抢订一空"。

美国哥伦比亚广播公司的"60分钟"节目曾花了一整集时间来介绍IIT,并说:"把哈佛、麻省理工学院和普林斯顿加起来,就是它在印度的地位。"在美国硅谷,有40%的软件公司都由印度人创立,成功者绝大部分来自IIT,这些"咖哩脑袋"让美国人疯狂着迷。美国华盛顿特区的乔治·玛森大学,每年主动奉送60个全额奖学金给IIT毕业生,还补贴住宿费,付钱让他们到美国企业去实习。

印度理工学院创立于印度独立之初,经过几十年的发展,已经形成一个大学联盟,7座校园有3万多名在校生。这所学院招生严格,录取率低于2%,甚至比美国一些最好的大学(比如耶鲁大学)还要低,无数莘莘学子为考上这所大学点灯熬夜拼命备考。对于IIT的严选,新德里校区注册组长辛格不无骄傲地说:"上至总理儿子,下至校长、教授的小孩,不论是谁,要进IIT考试成绩一定要在前2%。"

IIT"富有"得让其他大学眼红。印度政府把国家大部分高教优质资源集中在这所学校身上,其他几千所理工学院一年的补助加起来只有IIT的3%。政府还为它量身制定了一个独立法案,宣告IIT是"国家级重要机构",允许学校高度自治,从课程设置到招生、教职员招聘,全由教师组成的学术议会裁定。

在这种"特权"环境中,IIT学生特别有竞争力、自信心十足。那些从印度理工学院毕业的学生,无不将这段学历视作他

人生一个的高峰；即使毕业后一无所成、以卖肥皂为生，也可以因为曾经考取 IIT 的经历而将这种优越感持续一生。

高教弊病种种

尽管印度的高等教育为世人称道，仍免不了问题重重，最突出的就是大学扩张无度使教学质量下降，教学内容脱离社会，学生就业能力差，引得大学生和企业都抱怨连连。

一位在印度班加罗尔留学的中国学生告诉我，他就读的某科技学院就是班加罗尔大学的一个分院，而这所大学目前有学生十几万，几十个分院，都挂靠在"班大"名下，有的甚至有名无实；学生们上课与否无人管，课堂上听课者寥寥无几；有些学生不参加考试，给校方管事的塞些钱就可以拿到学分。学校学费虽然不高，每年两万多人民币，吃住也比较便宜，但在他看来教学质量实在一般。

印度高等教育的"强力爆炸式"扩张从上世纪 80 年代开始，进入 21 世纪后经济飞速发展，人才需求量更大；2002 年月薪 1.5 万卢比可以雇到顶级工程专业毕业生，没几年 2 万卢比只能雇到一般技术人才了。即使在班里垫底的毕业生也可以找到一份工程师工作，而在以前，这些学生只能被迫做一些在手机商店里当柜员的低端工作。社会对人才的渴求促使印度大学拼命扩招，到本世纪初出现了不少学生人数超过 10 万甚至接近 20 万的"巨型大学"或"超级大学"。学生人数多，学校教育资源有限，使不少大学出现教学质量下降情况。

第二章　日常生活

2008年世界经历金融危机后，印度经济也受到影响呈现不景气，大学生无限制增加，让就业成了大难题。许多人开始批评高校的教学内容与社会脱节，一些企业也抱怨现毕业生只会读死书，不知道如何与别人沟通相处。目前印度城市就业岗位缺人最多的是电话咨询服务，需要大量英语口音纯正的毕业生人才，月薪可以达500美元。但是许多毕业生甚至在办公室接听电话都困难。孟买一些呼叫中心招聘时，每100名提出申请的大学生只有8人合格被录用。一位印度人力资源专家说，企业需要的人才是那些讲一口不带口音的英文，态度自信又有亲和力的年轻人；但大多数毕业生自幼在公立学校读书，英语发音带着浓重的当地口音；加上表情拘谨腼腆，不敢大胆说出自己见解，他们的职业前途堪忧。

对比留学欧美，留学印度的确价格低廉，但同时也问题多多令人烦恼，轻重权衡，还需要国人自己掂量。

孟买印象

第三章 社会舆情

〖种姓结〗

朋友艾米要和丈夫回欧洲了,这位来自台北风情万种的小女子,在任何场合都闪闪发光、艳丽夺目,却在将要离开时神情黯然。"我现在已经降格成保姆了。"她悻悻地说。在辞退了照料她一双儿女的两个印度保姆后,比照一下在欧洲高得离谱的人工费,她无奈地说出了这样的话。此外,离开孟买她还另有一种失落感是不能用金钱衡量的——那就是作为法国公司驻孟买高级职员夫人的尊贵感。在印度,这种感觉说不清道不明,如细雨浸润街市,月光漫入原野,无处不在。而回到欧洲,"大家一样平等,谁会多看你一眼!"

许多在印度长期居住的外国人都会有一种自觉尊贵的舒

爽,而一部分人的尊贵感注定来自另一部分人的谦卑态度,这种氛围的弥漫很大程度上源于印度人的种姓情结。

心魔难除

记得一个岁末之夜,一轮银钩在孟买某俱乐部草地上洒下碎如残雪的月光,圆桌对面坐着一位裹在黄色莎丽里的退休教师,那双严厉而骄矜的眼睛,如同隔着高山大海,远远地向我望过来。印度人的健谈世界著名,这位印度老妇人又在大学里一直教授社会学,开口便如决堤的河水滔滔不绝,此刻正在向我们高谈阔论印度的种姓问题。她说早在印度独立时种姓制度就已消亡,宪法规定人人平等,无论种姓高低在政治上都有选举权。年轻人不管出身贵贱均有权利受教育,选择工作也不必拘泥种姓。实际上印度人民早就摈弃了种姓观念,在法律层面也不允许歧视存在。她激动地侃侃而谈,似乎在抱怨太多的外国人对印度种姓问题误解,意识还停留在英国殖民时期。愤懑的情绪让我想起上个世纪70年代中国流行的"马列主义老太太"。

事实上来孟买后我的所见所闻并不像她所说的那样美好,种姓制度破形式易,除心魔难。似乎前世生活可以决定一个人来生坐标,无论他过着豪门生活抑或穷困潦倒,都是由他生逢其时的种姓赋予的。四大种姓将印度人由高到低阶层界定分明:婆罗门是能识文断字的高人雅士,刹帝利知道如何打仗和做统治者,吠舍懂得经商或种地,而首陀罗只能汗流浃背地干

孟买印象

活。或者，他注定一生要做别人不愿沾边的事，做流浪汉和乞丐，成为"不可接触者"。有一次阅读印度通史，书上认为区别印度人等级最简单的方法就是看肤色，颜色越浅等级越高，高种姓婆罗门多是皮肤白皙的印度人。在孟买居住得久了，觉得这种区分不无道理。

在孟买生活，我发现不同种姓之间依然云泥有别：比如单位里刹帝利种姓的雇员司机从来不擦车，因为那是低种姓人的工作；我们租住的公寓里有专为低种姓开放的小电梯，每天早上皮肤黝黑的仆人、小贩和清洁工都不曾逾矩地排队等候，即使其他两个电梯空行也不会僭越；在海边的小公园里，早晨多是浅肤色的富人大步流星地散步，而傍晚则是深肤色贱民的天下，谦卑地排坐在堤坝上享受黄昏时光；一家大型中资企业雇有不少印度雇员，负责人介绍说，他们中的高种姓从不和低种姓一起用餐，如果只有一个餐厅开放，低种姓一定要等到高种姓职员用餐完毕才肯进入；若低种姓雇员被提拔立刻会受到种种质疑，高种姓雇员甚至联合起来向公司发难。

我曾在路上见到一辆簇新宝马车撞倒了一个乞丐，当车主下车察看时，乞丐却翻身坐起飞快跑掉了。据说这些被称为"不可接触者"的"贱民"非常自卑，即使被车撞倒也依然认为错在自己，有的甚至要对肇事者当场道歉。我还听说孟买当地医院有位高种姓女病人，因为坚决不肯接受低种姓医生为她做手术，延误了治疗期过早离开人世。

第三章 社会舆情

种姓劫

尽管印度宪法规定人人有受教育的权利，而教学质量好的学校门槛高企学费昂贵，只有富裕的高种姓子弟才能进入；20多年前，激进的维普辛格政府大大咧咧地提出要把中央政府所辖职位的一半留给低种姓阶级，即刻在全国掀起轩然大波：那些皮肤黝黑一贯从事仆人、清洁工的人怎能登上政府的大雅之堂？一些高种姓学生上街游行示威，甚至以自焚表示强烈不满，"种姓结"变成了"种姓劫"，直到政府不得不退让才算了事。……

总之，在印度到处都可以感到浸淫于心并深入骨髓的种姓情结。

印度人的生活像星空一样以难以察觉的速度缓慢旋转着，尽管江山易色权力更迭，尽管时光飞船已经到达了21世纪，在感受了印度社会种姓遗毒种种之后，我以为在印度要真正达到种姓平等并非易事，几乎是将一只走兽蜕化成飞禽。

有人认为印度的种姓制度也是双刃剑，既是枷锁也是磐石；它保持了社会稳定，却以束缚部分民众才智为代价。一些讲究维护人权的西方人对这种社会结构津津乐道，我却觉得这种社会稳定带着残忍和强迫，它让无数鲜活的生命在不平等巨轮的无情碾轧下，成为被轧瘪在冰冷马路上的一束束花儿，只留下梦碎的呻吟。如今，不少人相信印度经济超过中国指日可待，但我以为它必须搬开种姓制度的绊脚石，否则在振翅起飞中很可能会中途断翼。

孟买印象

哪里有压迫哪里就有反抗，印度低种姓阶层这么安身立命，让人难以理解。中国人自古就不认命，所以当项羽看见骑着高头大马威风八面的秦始皇，便雄心勃勃地指着马屁股说："彼可取而代之。"汉高祖刘邦出身农民，不过是江苏沛县的一个芝麻小吏；明太祖朱元璋也是贫苦农民出身，还当过和尚；改朝换代不拘阶层，政权更迭不问出身，这一切都记载在他们的当朝史书和身后百卷里，成为世代穷苦百姓的策励。

"王侯将相宁有种乎？"光荣的传统意识激励着无数中国人奋起与命运抗争。当社会变动一次次从乌云后面透露出机会的霞光之时，也是底层人民翻身之日。

鲁迅说过，"不满是向上的车轮"，伴随着中国人不认命的传统意识，这个国家总是生机勃勃，如雨后春笋，若东方红日。

今日中国犹如朝阳一般喷薄而出，即便经济增长速度缓慢下来，必有能力调节自己的肌能与呼吸，让全体民众有机会无限发挥潜能，共同奔向幸福的明天。

第三章　社会舆情

〖兄弟情〗

每一位来总领馆工作的人都要首先认识当地几位中国人民的老朋友,不仅将他们的名字,也将那些友好事迹铭记在心。

三位老朋友

马大夫是孟买本地人,中文名叫马昌德,是孟买一家私立医院著名内科专家。第一次与他见面是在孟买海滨大道的一家中餐馆,他给我的印象是爱吃海鲜,注视你的目光好像一位慈祥的父亲。印度医疗体制有点儿像西方发达国家,药费便宜诊费贵,像马大夫这样毕业于伦敦医科大学,有着丰富经验的名医一次诊费要几千卢比,高得令人咋舌,可他对中国驻孟买领馆

孟买印象

的人从不收费，这一原则如金科玉律，几十年来惠泽了一批又一批领馆工作人员。

去马大夫家做客是6月一个细雨蒙蒙的夜晚，80多岁的马大夫鹤发童颜精神矍铄，兴致勃勃地指点我们欣赏墙上的多幅油画，那是他已经去世6年的爱妻的杰作。画面上的人物和风景栩栩如生，透射出艺术家敏锐的观察和丰富的想象力。画框下面小桌上放着马大夫爱妻的遗像，身穿一袭紫色镶金莎丽的她有一双大而美丽的眼睛，眼神深邃而专注，仿佛从天堂隔着千里万里，远远地向人间望过来。

马大夫用手抚摸着遗像告诉我们，自从他25岁从英国留学回来见到了17岁的她，便决心给她一生幸福，从此再没有青睐过其他女人。他甚至绘声绘色地向我们描述起当年一见钟情的场景，甚至记得当年爱妻的发型和莎丽颜色，一瞬间让时光倒转了60年。他说自己和妻子都喜欢中国，上世纪70年代末在领馆帮助下一起去中国游览了北京长城、西安古城和杭州西湖，被这个伟大的国家深深吸引。从此，对中国友好、帮助中国人成了他们夫妻共同的生活原则，即使在两国关系冰冻期也从不动摇。

像马大夫这样的中国老友在孟买还有几位：商人老凯米卡早年是个银行家，1962年中印边境战事突起，长驻孟买的中国银行分行在仓促撤退中将来不及兑换带走的上千万卢比托他保管。1992年孟买领馆重建时，他将这些钱一分不少地归还中国。在漫长的30年中，无论生意遇到多大的难题，从未动用过一个

第三章 社会舆情

卢比；他是怎样以抱柱信的坚心望穿岁月，在无望中痴心地坚守和等待！每当这位80多岁的老人坐着轮椅出现在领馆举办的活动现场时，总会赢来人们尊敬的目光。

另一对表情腼腆的80多岁老姐妹，年年都是中国国庆招待会上的贵客。在抗日战争中，她们的一个兄弟从印度来到中国工作。他参加了八路军，不分昼夜地抢救伤员，奋不顾身地拼命工作，三天三夜未曾睡觉，因为劳累过度，只有30多岁就为中国人民献出了生命。他就是当时与白求恩大夫齐名的印度医生柯棣华。他为自己的家乡孟买书写了光荣的一笔，每一届中国领馆总领事莅临到任，都要去拜谒这位受中国人尊敬的印度医生的故居；每一个在孟买工作的中国人都对他们一家人敬重有加。2013年李克强总理到访孟买，还在百忙中看望了柯棣华妹妹。

如今，也只有在这些80来岁的印度老人心中，才有着与中国浓得化不开的兄弟情。这份情谊来自尼赫鲁总理执政的前半期，那是一个理想主义盛行的年代，是一段激情燃烧的岁月。1956年底到1957年初的3个月中，周恩来总理四次访问印度，"千千万万的印度人无论白天黑夜，无论来自城市乡村，都跑到大街上欢迎中国客人"。到处是"印地秦尼，巴依巴依"（印度中国亲如兄弟）的欢呼声，那是发自两个伟大民族内心深处的真挚感情，是血浓于水的兄弟情谊。

友好的期待

许多年过去了，两个国家因为种种原因疏于往来，宛如一

孟买印象

对恋人，因为误会使恋情扭曲，即使再想破镜重圆，也会因曾经的裂痕而投下阴影，初恋时那种刻骨铭心的美好情感只能储藏在记忆中了。

遗憾的是一些印度年轻人至今对中国了解甚少。比如马大夫30岁的独生女，看上去似乎对中国一无所知；与她同居的男友是一家小型电信公司老板，也是家中独子，与我们聊天时言必称英国，更向往美国，以他的几个堂兄弟姐妹在美国生活为骄傲。在同当地知识青年攀谈中，我发现他们越来越认同美国重利益的价值观念，把去美国留学和工作看作人生成功的重要标志。与中国年轻人不同的是他们在宗教信仰方面表现出极大热情和执着。当马大夫女儿和男友向我们解释印度教教义时表情激动，透露出内心的虔诚与神圣。他们一致表示，人活着一定要有宗教信仰，否则就会迷失方向。

也许是迫于生活压力，不少高种姓夫妇有少生孩子趋势，甚至像中国一样"只生一个好"。我因此莫名地担心：如果将来两国制定和执行政策者都是独生子女，那么，他们能够理解什么是浓得化不开的手足意、兄弟情吗？如果两国的年轻一代互不相知，继续生疏而淡漠，那么，"印度中国亲如兄弟（印地秦尼，巴依巴依）"的声音，就只能消弭在历史的尘烟中了。

"我们再也回不去了，对不对？"台湾歌手张信哲的歌声听上去有几丝悲凉和无奈；长时间地等待冰融雪消，让多少致力于中印友好的人们望穿秋水。不过事在人为，经济利益的相互吸引，已经使中印两国在对望中情不自禁地相互接近。2014

第三章　社会舆情

年两国贸易额突破 700 亿美元,并努力向 1000 亿美元挺进。在中国,越来越多的年轻人到印度旅游和留学;而想去和已经去过中国的印度人也逐年激增,仅孟买中国领事馆一年就要处理 7 万多份去中国的签证申请。相信只要双方努力沟通,即使无法恢复到上个世纪 50 年代如骨肉同胞的兄弟情谊,做朋友,仅仅隔着一壶清茶,交换相互的故事,畅谈人生哲理,也是一种恬淡的美丽吧!

〖孟买华人〗

来孟买前在网上信步搜索,忽见一条报道说上世纪50年代初期,孟买华侨华人积极筹款支持抗美援朝,成为南亚捐款最多的城市。这条信息因为没有点击收藏,后来无论怎样努力都无法从信息的烟海里寻出,就像冬日正午映照在手心里的阳光,温暖而明亮,却无法抓住。

来孟买后,发现在街上遇见中国人的几率比沙里淘金还低,侨界也是一片萧条。偌大的都市华侨华人不到两千,多为老人孩子。当地出生的华人几乎不会说中国话,更不了解孟买华人的前尘往事。而不知为什么,我却固执地相信那条报道,相信这里曾经龙脉苍劲。

两位老人的回忆

一个清晨,我在海边漫步,看见堤岸上坐着一男一女两个

第三章 社会舆情

华人老者在默默地眺望大海,一问才知道是兄妹俩,分别来自广州和北京。他们出生在孟买,50年代中期去大陆读书,后在国内落户,现在相约着回来探望老哥哥。他们的父亲曾是孟买侨界领袖,大姐夫是华人子弟学校校长,他们在回忆陈年旧影中,证实了我在网上见过那条报道的真实性。

据两位老人回忆,上世纪50年代初孟买华侨华人有近万人,市中心有一条中国街,是华人聚集地。华人在当地多从事手工业:来自广东的华人从事机械维修和做纸花(印度人节日多,纸花需要量很大);湖北籍的多是牙医;山东人做些小生意。为让子孙铭记中国,他们捐款成立了华人子弟学校教授普通话。学生最多时达200人,有校车来往于南北孟买。

抗美援朝战争爆发后,子弟学校牵头组织了一场声势浩大的为志愿军捐款买飞机活动。他们兄妹俩不仅动员家人,还把自己的压岁钱全部捐出。华人华侨们对新中国充满期望,纷纷慷慨解囊。他们听父亲说过,孟买华侨虽不富裕,远比不上在加尔各答从事皮革生意的华人,但捐款数量是全印度最多的。可以想见,这些华人是以怎样的无私付出,把做纸花得来的一个个卢比积攒起来,献给新中国。两位老人还回忆起每到春节,中国领事人员都与当地华人一起联欢,地点都设在子弟学校,他们还帮忙布置会场,十分热闹。

当日轰轰烈烈的场景,与今天侨界的萧条形成鲜明比照。这上万名孟买的华人华侨,他们来自哪里?如今又去了何地?

孟买印象

孟买华人兴与衰

　　孟买有位从事首饰业的黄姓老华侨,从幼年起就在孟买生活,见证了这里华人的兴衰。一个微雨的下午,伴着一杯清茶,他向我款款讲述了孟买华人华侨史,一场聚散的缘起缘落。这部历史并无文字记载,仅仅是他们祖上口口相传。

　　早在17世纪下半叶,一个叫杨公太剑的中国人来到印度加尔各答,用一包茶叶种籽和种茶技术换取了一小片土地,带领家人和亲戚开荒种地,这片土地被当地人称为"唐园"。后来中国人渐渐开枝散叶聚少成多,便从唐园向加尔各答市区迁移,形成一条唐人街。他们把浓浓的中国文化风情带到唐人街上,关帝庙、牌楼、中餐馆相继建立。随着中国人的聚集,唐人街人满为患,一些具有冒险精神的中国人便携家离开加尔各答奔赴德里、孟买等地创业。当时孟买依靠港口经济发达起来,不少人便在此落脚生根。

　　太平天国兴起时,一些洪门子弟从中国南部跑到印度吉大港(现属孟加拉)创建忠义堂、义兴会馆。这些人起初只想躲避战乱,待中国局势安定便返回。谁知清末战祸连绵不断,只好安身印度。其中一些人向西来到孟买定居,为生存做起小生意。

　　"9.18事变"后,一些不愿做亡国奴的中国人离开沦陷区远走海外,当时统治印度的英国人对中国人来者不拒,仅吉大港一地中国人就迅速上升到10万之众。同时新德里、孟买、加尔各答等城市也涌进许多中国难民。抗战胜利后,半数中国人回国,另一半定居印度各大城市,使孟买的华人人数骤然增加,

第三章　社会舆情

达到五、六千人；新中国成立时孟买华人华侨过万，在印度人数仅次于加尔各答。

1962年中印边境战事爆发，孟买华人华侨遭到重创。华人子弟学校被封，校长和老师们被勒令24小时内离开。此后，孟买华人纷纷远走他乡，中国大陆、加拿大，欧洲和澳大利亚都是他们选择的栖身地。华人星散，孟买的中国街也黯然消失。唯一值得庆幸的是，在南孟买船坞区还保留有一座1919年修建的关公庙。看庙人姓谭，一直守候着这座由他祖父和另外九户华侨兴建的庙宇。如今九户人家早已不知所踪，亲戚和子女都移民美国加拿大，只剩他独自一人在孟买守望着中国文化的一缕香火。尽管目前孟买华侨只余400户，多数人不会中文，但每到春节还是喜欢聚集庙里敬香祈福。这座大孟买地区唯一幸存的中国庙已经修葺一新：牌匾高悬，关公威严，观音慈爱，钟鼓俱全，想到中华民族的香火历经磨难却如此顽强地生存下来，不禁令人潸然泪下。

孟买华人华侨，他们当年的功劳似乎灰飞烟灭，无人记起。那辉煌的一幕早已被忘却，只留在海边两位白发苍苍的老人的心里；孟买华人在任何史书上没有只字片语，只刻印在黄先生的记忆中；孟买当年热闹的中国街找不到丝毫遗迹，只能从谭先生的关帝庙中管窥一斑……这些坚韧的中国文化的守望者，仿佛风雪深处燃烧的一支蜡烛，它曾经照亮和温暖过漫漫寒夜。尽管现在风烛残弱，但是我们应该记得它—也应该记得，孟买的华人华侨，他们曾经闪亮过。

孟买印象

〖中国制造在印度〗

进入21世纪后,"中国制造"就像阳光一样穿过重重云雾隔阻,照进世界的各个角落。当"中国制造"以无处不在的气势席卷世界之时,我们转过身,却发现身边一个偌大的邻居独自超然之外。在孟买,你发现"中国制造"的几率比中彩票高不了多少,偶尔看见一件商品上面含糊不清地印着"Made in China"就会备感亲切。

墨镜的遭遇

中国制造在孟买的际遇,从一个小小墨镜上就可以体现出来。

第三章 社会舆情

孟买的雨季时而缠绵悱恻，时而痛快淋漓，倾盆如注的大雨后透出轻盈明亮的天，让阳光撕开云朵，肆意洒向城市的每一个角落。我注意到无论阳光何等强烈当地人很少戴墨镜，也许是路旁多有绿荫遮挡无须墨镜？久而久之自己也摒弃了出门必戴墨镜的习惯。不过奇怪的是，街边摊档或商店里卖墨镜的却不在少数。

为了买副墨镜我走进南孟买几家眼镜店，货架上的商品似曾相识，看看商标却又并非中国制造。有副墨镜与我年前丢失的心爱物几乎无二，仿佛"复制品"，再看商标却是一家印度厂商。我好奇中印两国墨镜设计者想象力如此相像，竟把产品做到好似孪生姊妹一般？

老板的解释闪烁其辞，先说这款墨镜是印度制造，后又改口说是意大利款式，继而又说是法国货。见我狐疑的样子，他压低声音说其实是中国制造。他说当地人对中国产品有偏见，认为中国制造就是假货代名词，中国货价格低廉却质量粗糙，不如其他国家进口产品经久耐用，当然，也不如印度制造好。为了保护自己的工业，当局处处设限，对中国货的进口阻挠颇多，因此只有抹去中国制造才好卖。闻听此言我感慨良多，原来作为中国近邻的印度却似乎始终躲在厚厚云层里，抵御着中国制造的锋芒。

我问老板，既然中国制造有诸多不足，为何印度商家还要费尽周折曲线销售呢？老板说实际上很多印度商人都喜欢中国货，大多数商品的确物美价廉，资本都是逐利的，谁不愿意低买

137

孟买印象

高卖呢。

一位新加坡经营物流公司的商人告诉我，孟买市场上有许多没有中国制造标识的中国制造，许多产品都是采用"暗度陈仓"的古法悄悄地溜进来。印度市场虽大，但基本上已经被大型垄断集团瓜分完毕，这些财团给政府施加压力，促使当局对中国产品设限以便保持他们的垄断地位。尽管如此，印度市场也并非没有缝隙，想发财的印度供货商们开动脑筋"曲线救国"。他们要求中国厂家将产品中性包装出厂，不著商标，不写产地，落户印度后再贴上印度厂家标签；或者瞒天过海，把来自中国大陆的货物改写成来自香港或者新加坡。这些高招的确使不少"中国制造"好似春雨润物细无声地悄然进入印度市场。

不仅墨镜，商店里的众多商品，从塑料口杯到家用电器，都有张冠李戴之嫌。我曾遇到一位来自广州美的公司驻印度销售经理，他从新德里来此出差，帮助解决美的的售后问题。我奇怪这么大的品牌公司从中国砸进印度为何没听到一点儿动静？大大小小的卖场从没见过它的踪影。孟买大型电器商店都是三星和东芝的天下，中国电器我只见过一台海尔洗衣机，还被搁置在商场角落里。经理告诉我，他们的产品很难进入印度，在这里注册个分公司"比登天还难"。本来谈好的合作架不住印方政策善变反复无常，无奈之下只好把产品换上当地厂家的牌子打进来，有点儿"挂羊头卖狗肉"。不仅美的，志高等其他公司的产品都是这样悄无声息地溜进来。我以为这种明珠暗投的做法虽然可以暂时获得一些利润，但属短期行为，等于丢掉

第三章　社会舆情

了印度市场。

排外，为了保护自己

也许是印度在历史上多次为外人入侵而形成了排外个性，给人感觉不怎么好客。孟买的国际航班一律半夜才能起飞，外国游客要在机场硬挺着熬到半夜才能上飞机。傍晚时分，宾馆酒店的大堂里经常有外国游客提着行李，打着哈欠坐等机场巴士。我们每次回中国都要半夜赶往机场，凌晨2点起飞；返回孟买则是在凌晨1点降落。无论如何，你这一夜的睡眠是注定报销了。相反，印度国内航班出发和到达时间基本都安排在白天，上午8时起飞，午饭前落地，基本不会耽误进餐和休息。去印度办理签证也并非易事，当局对外国经商人员只发给三个月的商务签证，半年到一年的工作签证很难拿到。一些初次落户孟买的中国企业只好让员工三个月回国一次，重新签证。笑的是员工，他们可以经常回国探望家人；哭的是老板，这样一来大大增加了企业成本。

1988年底我来印度采访时看到街上只有三种牌子小汽车：大使牌、总理牌和Maruti牌，全部是印度制造。当时印度政府为了保护民族工业，只允许国民使用本国产的小汽车，连总理出行也不例外。如今虽然满街跑着外国车，街边也竖立着外国电子产品广告牌，但普通商店里的商品例如小型家电、服装皮包、塑料制品等还是以印度产为主。印度制造业发展缓慢，每年新增就业岗位只有一二十万个，如果再大批进口国外产品，必将冲击本国就业市场。因此,凡是想进入印度的外国企业多会遇到种种阻挠,几乎没有哪家外国企业认为印度当局好打交道的。

想进来,先帮就业

印度并非将所有外国企业挡在国门外,他们准入的一个重要原则是:必须帮助印度增加就业。像中国的三一重工、华为、中兴、TCL等大型企业之所以能在印度站住脚,并做得有声有色,主要因为他们大量雇用当地人,并教授给他们先进技术。例如,华为目前在印度的员工总数已有4000多人,还在班加罗尔建起了研发中心,工程师99%都是印度人。这些中国企业进入印度之初都以本国员工为主,进展十分艰难;后来他们改变方针,大量招聘当地人进行培训,传授技术,才转变形象,使自己的产品在印度立足。

进入印度市场是考验一个企业耐心的最好方式,已经有不少知名企业捷足先登,看看满街奔跑的尼桑、丰田、雪佛莱等,就知道这些企业的功力了。中国企业虽然举步维艰,但不少著名企业都已站住了脚。值得欣慰的是,越来越多的印度人开始对中国产品感兴趣,年轻人喜欢用华为研发的数据卡上网,对中兴的电子产品已开始感兴趣。

2013年中印双边贸易已经达到600多亿美元,2014年增加到700亿美元。有时在海边散步,经常听到富邻居们大声谈论自己的生意,谈话中出现频率最高的词是"中国"。在孟买的

第三章　社会舆情

中国餐馆里,你会听到更多生活优渥的中产人士谈论中国,包括杭州、海南岛等旅游胜地。一些印度媒体也发表文章报道中国工人效率高,督促国人转变对中国制造的态度。这两个具有灿烂历史文明的伟大国家在浑然不觉中已经走到了相互依存的境地,或许有一天,当阳光穿过误解的阴霾照耀大地,会激起两个巨人国家擦出电石火花,重温昔日兄弟情谊的旧梦。

孟买印象

〖孟买中餐馆〗

如今在地球上,几乎"有阳光的地方就有中餐馆",孟买也不例外。不过印度人和中国人口味差距之大仿佛参商二星,此起彼落永远没有重叠的时候,所以能在这块土地上生根开花结果的中餐馆自有几分真功夫。

林楼,历史最悠久

来孟买后的第一顿饭是在林楼(化名)吃的,它已经有七八十年历史,是孟买历史最悠久的一家中餐馆。门脸不大,里面却别有洞天,小桥流水和中式窗框显示出浓浓的中国氛围。餐馆是一位林姓广东人创建的,现在已经传至孙辈,不过

第三章 社会舆情

因为经营不善卖给了越南人,林氏的第三代传人只做了饭馆的"CEO"。

当年林楼为在孟买站住脚,将中餐按当地人的口味进行了较大改良,结果搞得不伦不类:餐桌上摆着印度人喜欢的masala(一种放有20多种香料、酸甜苦辣俱全的调料);主食里还夹带着Chabadi(当地面食);菜谱全部使用英文,全体男性服务员没有会说中文的;厨师大多都来自尼泊尔。后来发现在孟买不少中餐馆都由尼泊尔人掌勺。让尼泊尔人当中国菜肴大厨令我疑惑不解,也许尼泊尔人相貌与中国人相近?相貌相近并不意味着饮食习惯相似,更不能说明他们就掌握着中国菜的精髓。有人分析是因为老板们觉得尼泊尔人既了解印度文化,也熟悉中国菜肴,最重要的是雇佣成本低。一位姓温的华侨告诉我,当年就是他在林楼手把手地教尼泊尔人做中国菜,现在的几个主厨都是他的学生。我好奇为什么林楼不聘请他做大厨?他不愿深说,似乎是因两国关系冷淡后印度人对华人华侨比较歧视所致。

林楼的上菜顺序也与印度餐馆一样,分头盘、主食和甜点。烹饪方法有点印式中餐:挺新鲜的大虾串在竹扦子上烧烤,缺油少盐,吃起来有股糊焦味。其做法源自印度人的烹调习惯,把鱼、虾和鸡肉烧烤后蘸甜辣味佐料吃,让人心疼这么好的原材料,若放进国内餐馆里不知会花样翻新地制作出何等美食。林楼有道素菜也很特别,菠菜、菜花、青椒不用油炒,而是裹上面糊油炸,有点儿像日餐里的天妇罗;至于麻婆豆腐,只见一堆鸡肉碎末加辣椒,豆腐倒少得可怜;宫保鸡丁辣且甜,除去名字,实在不像川菜。不过林楼自有它的好处:别处的中餐厅按照印度人的习惯晚上7点半才开门待客,这里为照顾中国人6点就开门,还可以自带酒水,引得多家中资机构常来光顾。

王朝,追求中国味

我以为这就是孟买中国菜的最高境界,失望中更加想念北京簋街的麻辣火锅、东来顺的涮羊肉,以及俏江南、金山城里地道的川菜。不过在孟买住得久了,才发现并非如此。

后来知道孟买的中餐馆大大小小有100多家,有"豪门闺秀"也有"小家碧玉",一般都是祖上有中国血统的当地人做老板。印度朋友被问到哪家中餐馆最地道时,都会脱口数出几家:金龙、王朝、大陆、少林村。

这些中餐馆没有特定的菜式风格,喜欢走大杂烩路线,几道"川菜",几味"粤菜",炒面、烧卖、馄饨,再加上新加坡炒螃蟹和"北京烤鸭"。

我认为最为中国派的当属价格适中的王朝餐厅,它在孟买有几家分店,总店设在维多利亚火车站附近。它的华人主厨来自马来西亚,祖上是福建客家人。他除了会做各种粤菜还善于煲汤。由于家人都在马来西亚,他成了时常往来于孟买和吉隆坡的"空中飞人"。无论如何,具有中华血脉的厨师显然比尼泊尔人技高一筹。

走进王朝先看它的内部装潢就竭尽中国元素:墙上挂着

第三章　社会舆情

临摹的明清人物画像和书法家作品（有幅画像好似乾隆帝，另一幅像是老佛爷慈禧太后），大堂里立着几尊石膏质地的兵马俑，门口处还竖起块老北京影壁。餐厅摆放的一律是枣红木八仙桌椅，菜谱不仅中英文对照，还用中国传统花纹绸缎封面。菜品也很地道，粤式点心如虾饺肠粉不输国内，烧腊也做得像模像样；根据当地素食者多的特点餐厅还分别做有各种素食，素肠粉中夹裹着蘑菇和油炸面片别有风味。不过烤鸭有些怪怪的，印度鸭子脂肪少，而他们又将瘦鸭肉撕成细条状炸得焦硬放置盘中，再卷进薄饼里加上葱和味道发甜的酱，吃起来像怪味鸭。后来发现几乎孟买所有中餐馆都有这道菜，有的称"香酥鸭"，有的叫"北京烤鸭"。我以为这些主厨该去北京一游，到全聚德和便宜坊领教一下什么是正宗的烤鸭。

越地道越受欢迎

在印度吃中国菜是一种象征，一般上流社会高种姓才有这份口福。孟买的高档酒店都辟有中餐厅以示身份。五星酒店的中餐价格不菲，一个人不算酒水也需要花费500多元人民币。不过每到用餐时总是座无虚席：官员在这里招待贵宾，商人们多喜欢来此洽谈生意。有些中餐馆不事张扬，只以固定回头客为主要服务对象。与当地人士稔熟后，他们会不遗余力地向你推荐藏在深闺人不识的中餐馆。

一般来说，中餐馆里供应的菜品基本依据印度人喜好，国内常吃的鳝鱼、泥鳅等从不提供，狗肉、猫肉、鸽子肉、甲鱼、蛇

孟买印象

肉等,更是想都别想。印度人不吃各种下水杂物,它们在市场上的价格便宜得不可思议,15个卢比可以买到1公斤鸡爪(8角人民币一斤),不过即使再便宜也很难上中餐馆的餐桌。

我发现其实印度人的中餐鉴赏力十分惊人,凡是他们认为好吃的,果然是地道的中国味;凡是不满意的大多是不伦不类的印式中餐。以此推想,中印两国人民的饮食审美完全有共同之处。一位印度朋友告诉我,她特别不喜欢印式中餐,只喜欢真正的中国菜。她去过中国五六次,知道什么是地道的中国味儿,而孟买的多数中国餐馆都是印式中餐,让她很失望。不过随着两国交往频繁密切,许多印度中餐馆都纷纷引进中国厨师,让菜品迅速改观。我在一家五星酒店的中餐厅遇见两位来自北京一家著名酒店的年轻厨师,会说简单英文,同印度人沟通没问题。自从他们加盟酒店,这里的中餐立刻花样翻番。孟买的"大陆中餐厅"还请来一位来自郑州的师傅为顾客表演拉面,宣传品上的英文将其翻译成"面食舞蹈",据说很受欢迎。

从前中印两国疏于交往,印式中餐还能招徕一些没出过国门的当地人,时移物易岁过境迁,现今到过中国的印度人比比皆是,原汁原味的中国菜被更多的印度人熟识,再继续原来的老套路吃不开了。孟买当地一家媒体通过调查为中餐馆进行排名,名列第一的是泰姬饭店的中餐厅,以口味纯正拔得头筹(其价格也最贵),而林楼几乎排在了最末——价格不菲又味道失真,如果它再不急起直追,恐怕只有被淘汰份儿。

这让我想起鲁迅先生的名言:越是民族的,就越是世界的。

第三章　社会舆情

　　客居海外的岁月里,适应环境固然有利于一时生存,但也冒着失去自我的风险;保持个性虽然无比艰辛,但惟有如此才能在异域的孤寒寂雨中,将自己绽放成一树灿亮的繁花……

孟买印象

〖隐形富翁〗

　　来孟买之前,我在国内看了一部印度电视连续剧《奇迹》,是宝莱坞女星卡瑞诗玛出演的唯一一部电视剧,讲述一个印度女子通过奋斗脱贫成为大实业家。屏幕上女主人公成功后过着鲜花着锦烈火烹油的奢侈生活,让人眼花缭乱,也给我留下强烈印象;2010年我带着《奇迹》的一抹记忆来到孟买,看到的却是垃圾满地的贫民窟,拦路行乞的残肢乞丐,污水横流的街道,简陋肮脏的小店铺……相信许多初次来印度旅游的人都会和我一样心生疑窦:富人在哪里?《奇迹》在哪里?久居后才知道,印度的富人属于夜晚,大隐隐于市,他们好似隐形富翁。

第三章　社会舆情

夜晚派对

每到夜色酽酽这座城市的另一些人才从梦中苏醒。尽管孟买无法与旧金山、伦敦、布拉格、东京这些著名的"派对城市"媲美，但却是印度富人的不夜城。几乎所有的社交场所都有派对，有钱人在灯红酒绿中尽情地蹦迪、饮酒作乐。

我的朋友洛丽是一个来自新加坡的女白领，每月可以拿6000美元薪水，同时也是个"派对狂"，把大部分金钱都洒给了孟买的夜晚。她每天上班时间不多，真正打起精神是在晚上七点后。打扮停当后便穿梭于各种家宴聚会，有时候也和朋友去迪厅蹦迪。在孟买呆了3年后，她很享受这种夜夜笙歌的生活，叹息着对我说，回到新加坡好闷，物价高生活单调，哪里有这么多party可以去玩。

孟买的派对一般晚上9点才算正式开场，狂欢的人们甚至持续到凌晨4点才逐渐散去。许多派对就是一场朋友聚会，各种事情都可以成为派对由头：为某人庆生、新书出版、公司成立周年、为友人送别饯行或者欢度节日等。许多富人喜欢在家中举办派对，酒水、招待员和各种食物都从饭店里预定；也有的花钱租场地搞晚会，为朋友迎来送往。请来的宾客越有身份，主人越有面子。幽暗的厅堂里，灯光像碎了的宝石一般在香槟、威士忌、葡萄酒杯里闪烁，使人神魂颠倒；服务生端着盛着各种烤肉和炸食的盘子穿梭于来宾之间，谦恭地服务。有时候主人会辟出一小块空地，配上节奏感强的音乐供来宾们歌舞。无论家宴还是公共场所派对，都以结识朋友为主。印度人特别健谈，即使隔三差五地碰面也不会泯灭谈兴；一般晚上7点到9点是初聊，9点到10点是吃饭时间，10点到12点是饭后聊。在盛夏里来宾一边消受着炎热之中难得的清凉，一边饶有兴味地聊天到凌晨。

如果你名头够分量，一晚上可以接到几个邀请，需要在几家派对里穿梭"赶场"。参加的聚会越多越容易让人记住你名字，下次接着邀请，你赶场的次数就会越多；不仅那些前朝旧臣、现任高官以及富足优渥的商贾是派对常客；如果主人足够有钱，你还可以在现场看到优雅美丽的宝莱坞明星点缀其间。

酒店晚宴

孟买的高档酒店林立，一些白日里看上去普普通通的楼房，晚上在彩灯辉映下变成了金碧辉煌的宫殿。夜幕垂下后每家酒店里都被灯光装点成童话世界，多如牛毛的晚宴让各大酒店忙得不亦乐乎，主办者必须提前3个月预定。

对比普通的家宴派对，酒店晚宴要高档许多。某国欢庆国庆日，某国元首来访设宴，或是富商高官的儿女婚事都是晚宴的主题。有幸受邀的客人一般都是富商巨贾，政要显贵以及电影界明星大腕，也许还有像阿米尔·卡汉、卡里那·卡普尔和R.马德哈凡·莎曼·约什这样的宝莱坞巨星，而普通百姓只能望酒店兴叹。要想发现印度的名流巨富，各种五星酒店可以为你打开方便之门。白日里永远见不到的显贵们在这里纷纷现身。繁华靡丽的水晶灯辉耀着大厅壁饰，反射出金色、橘红、粉红

第三章 社会舆情

的柔和色彩；不可或缺的靓女们将苗条的身材裹在美丽而薄如蝉翼的莎丽里，紫钗红粉，更显得婀娜多姿；她们或是来自宝莱坞的影星，或是歌星、宴会主持人以及酒店的公关白领，多是受朋友之托前来为晚宴助兴。

入夜，酒店里还活跃着一批被我称为"没落贵族"的常客，多是退休官员、前朝遗老不甘寂寞，有邀必到，不仅为享用晚宴美食，也为那种不被人遗忘的感觉。有个瘦老头自称曾是尼赫鲁总理的近身侍卫，他和老伴在各种晚宴上几乎场场不落，夫妇俩兴致勃勃地捧着盘子吃自助餐，每次抹嘴走后还开心地领走一些小纪念品。还有一些富人花大钱买个名头，比如某国驻孟买的名誉领事，某国友好协会会长等，以此身份来参加高档晚宴。我见过一对年轻漂亮的印度夫妇，看上去只有20多岁，男士递来的名片上写着加纳驻孟买名誉领事。他说平时没什么工作，就是偶尔处理一些领事事务，每年在加纳国庆时举办一次招待会。夫妇俩的气质装束一望便知富家子弟，一定是爹妈花钱给买个名分，方便他们出入上流社会。

高档俱乐部

寻找富人的另一个去处是孟买各大俱乐部。这些俱乐部神秘而隐蔽，局外人难以入门。俱乐部实行会员制，级别越高的会费越昂贵。俱乐部里设有游泳池、餐厅、图书馆、板球场和高尔夫球场，会费也依照设施不同高低不一。一般来说，单一的板球俱乐部会费较低，一年5万卢比，综合俱乐部会费稍高，

孟买印象

例如孟买的布列其坎尼综合俱乐部年会费7万卢比;而马术俱乐部会费更高,孟买威灵顿马术俱乐部会费至少每年30万卢比。只有会员才有权享受俱乐部的各种活动和设施,并可以优惠用餐。

这些俱乐部历史悠久,多是当年英国人建起来为自己服务的。它们设在城市的黄金地段,占地面积超大。如布列其坎尼综合俱乐部占据了很长的海岸线,不仅拥有室内室外游泳场;还建有风景独秀的望海楼,内设西餐厅、印度餐厅、酒吧等。俱乐部堪比大公园,树木葱茏绿荫如盖,偌大草坪常被会员们租下来举办晚宴,价格相对优惠。广播俱乐部历史悠久地理位置优越,比邻印度门和泰姬酒店,坐在廊下的餐桌旁眺望大海是一大人生享受,你可看尽晚红中一艘艘白色私人游艇在海面上荡漾,大货轮从容驶向迷蒙的远方……

威灵顿马术俱乐部有100多年历史,掩映在周边绿树的浓荫中,无论你如何努力也无法管窥里面的风景。那是孟买乃至印度顶级富人经常光顾的休闲去处,昂贵的会费把他们与普通人天壤隔开。巨富们聚集于此不仅为健身或切磋马术,更为寻找商业项目洽谈生意。这里的商业信息密集,高层消息灵通,商贾们只在小圈子里互通有无,是一处深藏不露、卧虎藏龙之地。

当你对富人的去处略知一二,更加感觉印度的确不可思议:败絮其外金玉其中,穷人招摇过市富人深藏不露,只有在这个国家沉浸下去才能发现真相。

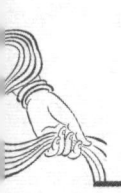

第三章 社会舆情

〖幸福的印度人〗

我在网络上常看见某家媒体对各国幸福指数进行调查,并列出幸福排行榜。窃以为幸福是无法量化的,只是一种飘渺空灵的感觉。不同民族不同宗教,不同职业不同性别,其幸福标准千差万别。古人视雨后在闺阁中看绿肥红瘦的孤寂为福,闻听杜鹃啼血伤心欲绝为美;而今人追求的是拥有豪宅靓车,少做多赚为福,快乐开心鲜花掌声为美;大千世界古今中外,对幸福的理解纷繁万千,难以比对。

赚钱不重要

一次和印度朋友聊天,他说看见印度中资企业里的中国人

孟买印象

经常夜晚加班，连周末也不休息，一副忙碌辛苦的样子。他不理解中国人为何如此拼命？我随口说"是为了多赚钱吧"，以为这是各国人都可以理解最简单明了的答案。不料他表示更加费解，为何要为赚钱牺牲休息？他认为人生应该以开心愉快为先，轻松享受生活事大。在他看来，工作赚钱不是最重要的，有时间加班还不如和朋友去酒吧聚会聊天，读书，或者坐在海边看日落吹海风。

对这位正值壮年的印度人我也不理解，难道他不需要挣钱养家？不需要多赚钱让亲人生活得更好？难道他不想买大房子，买辆汽车代步？而他表示，挣钱够吃就行了，不必把自己搞得那么辛苦；让亲人生活得更好有许多方法，不一定和钱有关。

中国人觉得赚钱很重要，因为要还房贷，要买车，要举办有面子的婚礼，将来生下小孩子还要上贵族学校……哪一个梦想不是靠金钱支撑？印度人也有同样的梦想，但他们似乎并不一味靠努力赚钱来实现，而是藉着观赏电视里的豪宅靓车，美女如云来享受幸福感；靠着与朋友高谈阔论，描画前景，或者在寺庙虔诚的祈祷中找到满足。"东郊渐觉花供眼，南陌依稀草吐芽"，同样是为春色着锦，不一定非要花开烂漫；同样是为求得心灵满足，不一定非要走赚钱之路。中国人和印度人实现梦想的方法似乎大相径庭，一个强调物质，一个追求心境；大家殊途同归，都希望得到幸福。

第三章 社会舆情

穷人也快乐

后来发现许多印度人都懒得为将来打算。他们喜欢从简单生活中享受乐趣。早上出门常看见有流浪汉在马路旁的花池边上酣睡,花池台只有一人宽,他们和衣而睡,天当房,树当帐,甜甜地缠绵在梦乡里,享受而沉醉。孟买气候温和,一年四季无酷暑无严寒,即使睡在外面也很惬意。当地政府每天为流浪汉提供些简单工作,例如擦车、扫街道、刷油漆、为渔市拉冰块等,50卢比一天,足够一日果腹。我发现那些擦车工、看门人、拣破烂的老者虽然工作辛苦看上去却神情自在,甚至站在街头的乞丐也用镇定的眼神看着你,透着对自己职业的满足感。

在我住处附近有个叫布德瓦的渔村,那里生活着一百多个贫苦家庭,多以打鱼为生,平时就住在搁置在岸边废弃的渔船里,或者睡在只有大约4平方米大的木板格子间中。我曾经光顾过一次他们的居所:屋子被分割后小得几乎无法并排站下两个人,不时闻到一股混合着鱼腥、汗臭难以形容的味道。脏脏黑瘦的小孩子穿着灰色破布衫在屋外和朋友们追逐游戏,大孩子们光着脚打板球,玩得兴高采烈。每年的11月到第二年的3月是印度人的婚礼季,渔村的贫民窟也同样搭建起婚礼棚。木头架子挂上床单,上面缀着花花绿绿的纸花和亮晶晶的纸条,映衬出一派喜庆。人们打手鼓,吹喇叭,面孔黝黑的印度妇女穿着桃红、杏黄、苹果绿颜色的鲜艳莎丽,簇拥着脖子上挂花环的新娘新郎载歌载舞,兴奋异常。我们每天上班都要开车路过这个渔村,遇到喜庆日常被堵在路上难以动弹,同时也被这里的快乐氛围所感动。

简单的幸福

  在印度南方的喀拉拉邦，回水湖区风景宜人，草屋船悠悠然驶向河湖港汊，岸边白鹭翩翩起舞。虽然开辟了旅游业，但湖区村民的生活依然简单艰苦。我们在假日里去当地旅游，有幸在草屋船住宿一晚，再次感受到那种简单的幸福。白日里老人和妇女下田耕种，年轻男子划着小船在湖区深处捞虎虾，出售给来往的游船。由于缺电，村民一天只能在固定时间开电灯。这里没电视更没电脑，人们过着日出而作日落而息的朴素生活。

  清晨时分，我看见村里的男人们围着传统的裤裙（当地很热，男人们习惯围着短裙干活），妇女们身着鲜艳莎丽，每人手里提一个白铁皮小罐子沿田间小路鱼贯而行。浅红的霞光笼罩着带有潮气的芭蕉林，他们一路说说笑笑快乐祥和。这些人的行踪引起我的好奇，后来知道他们是去田野深处的树林里如厕，之后用小罐里的清水冲洗。村民们都有自己如厕的固定位置，男人一边、女人一边地在草丛里蹲下。而那一片小树林，就成了村民们聚会说笑，互通市井新闻的公共场所。

  这一带没厕所没澡堂，一切皆从天然。乘船沿着湖区走，看到不少水乡村民在湖边洗衣洗头，或者站在木板小码头用桶里的湖水淋浴。妇女们三三两两地聚在一起在水里漂洗衣物，岸上挂满了花花绿绿的莎丽布和男人的长衫，宛如一面面彩旗；年轻女人把黑黑的长发浸到湖水里，仔细地梳理；父亲带

第三章　社会舆情

着穿桃红色莎丽的女儿在岸边捞鱼,边说边笑。水乡人的生活虽然简单,但他们的开心笑语把自己的生活装扮得鲜亮照人。

2010年公布的《福布斯》世界各国幸福指数排行榜上,印度排在了第115位,我以为它的排名似应提前。不少印度人更看重精神富有,献身宗教,并不关心物质上的穷困。我到过印度教徒心中的圣地瓦拉纳西。清晨的恒河雾气缭绕,精壮的印度教徒走进冰冷水中虔诚沐浴;几个穷苦人拖着残肢表情惬意地倚在岸边;水鸟在我们头顶鸣叫,好像来自另一个世界的声音;一位来自欧洲的年轻男子长时间坐在岸石上沉思……我也去过佛教徒最崇敬的菩提伽耶。为数不多的印度佛教徒和来自东南亚万千教徒一起,在霏霏细雨中整夜整夜地盘腿静坐,或匍匐磕拜。总之,在印度执著于精神探究的人们比比皆是,即使走马观花的旅游者也可以深深地感受到灵魂被净化的意境。在瑜伽圣地瑞诗凯诗,尽管城市里商业气息浓郁,但在周边的山林里仍然可以发现潜心梵语、认真探索、穷尽经典的"隐士"们。从物质上看他们也许一无所有,真正是"上无片瓦下无立锥之地",但他们自认为是精神上的富人,坚信:"要是失去印度,这个星球会贫穷到只剩下物质。"

在印度人看来,精神上的富有最幸福。无论你在发达国家生活还是在穷国奋斗,无论你住别墅豪宅还是蜗居漂泊,最大的不幸就是你感觉空虚无聊无所事事。

幸福难以量化,它是外界的评价,更是内心的感受。

157

〖嫁到孟买〗

一次在孟买华侨联谊会上,转过灯火阑珊处,蓦然见一年轻女子默立在大厅一隅,婀娜曼妙的身姿裹在一袭春草色镶嵌晶片珠边的莎丽里,宛如清新怡人的一树新绿,自自然然的美带给人一抹舒心和惬意。当她转过肤色白皙的脸,用美而黑的大眼睛凝视的一瞬,我才悟到她并不是印度姑娘,而是来自中国的新嫁娘。

攀谈中我知道她姓江,上海人,以前在上海一家外国银行工作,工作体面薪水不菲,却在一年前辞职嫁到孟买。在我印象中,上海小姐是那种在江南迷蒙细雨中娉娉婷婷地向你走来,一口温存软语,如吟诗般莺莺呢喃的女人;柔婉自如的气质

第三章 社会舆情

把你带进画的意境。一位如此优雅娴静的上海小姐为何离开得天独厚的生活环境,毅然远嫁印度?难道仅仅因为爱情的光芒让她在异国他乡感受温暖而驻足定居,抑或为了摆脱记忆中某个角落里心痛的积淀?

江小姐告诉我,她在离开上海登上飞机前的那一刻才把结婚远嫁的决定告诉父母;双亲只有她一个女儿,钟爱逾恒,可以想象他们当时的愕然与心痛。上海女孩不乏嫁到国外的先例,但以欧洲美国、韩国日本居多,与印度人结婚的十分鲜见。她说自己早知道父母要强烈反对,所以只在离别最后一刻才敢告白。看着悲痛欲绝的双亲,她几乎要改变初衷。亲朋好友没人理解她——一个美丽的上海姑娘,有着拿高薪的体面工作,为什么要抛弃一切远走异国他乡去体味物质环境不如国内,文化差异又有天壤之别的生活。

她给出了诀别过去的理由:厌恶职场竞争。

看得出她是那种有主见、执著人生把握自己的女孩子。她说自己不喜欢那种职场上的恶性竞争,讨厌相互攀比,厌恶处心积虑,尔虞我诈;喜欢过物质简单,精神充实的生活。谈到婚后情形,她的语气里加了好几个惊叹号:我太喜欢孟买了!在这里没有紧张的生活节奏,没有竞争压力,整个心灵充满着轻松和幸福,这才是自己需要的生活。

我似乎管窥到她的内心,柔软而坚韧,外围的风雨很少能侵袭到她的世界;她不急不躁,洞悉自己的所需所求,在自我创造的审美氛围里找到幸福。

孟买印象

我问,"来这里生活习惯印度饮食吗?"

她莞尔一笑:我吃素,这里多数人都是素食者;

"在印度几乎人人信仰宗教,你能融入吗?"

她说自己信佛教,夫家也信佛;

"在这里夏天要挨过漫长的雨季,你适应孟买的气候吗?"

她双眼望着前方动情地说,我太喜欢雨了!

那憧憬的眼神让我想起徐志摩笔下的《雨巷》里撑着蔷薇色雨伞走过长长小巷的女孩儿,想起《长恨歌》里夜雨闻铃悽悽彻骨的意境,以及台湾作家三毛拿煮饭的粉丝比作冻住的雨……眼前这个爱雨的女孩子,内心如莲花一般的宁静,就这样把自己的一生托付给了这片陌生的土地和温润的雨季。

后来我接连认识了几个嫁到孟买的中国姑娘,她们分别来自北京、广州、成都等大城市,在这里落地生根生儿育女。近年,随着中印经贸往来增加,许多印度公司纷纷赴上海、广州、天津等地开办分公司或办事处,到中国工作的印度青年日渐增多,无处不在的爱情种子便随风伴雨,在阳光里轻轻地洒进了年轻的心田。这些远嫁的女子,她们似乎与上海姑娘一样,向往舒缓的慢节奏生活,喜欢7月里细细密密的雨。

面对她们,我最大的疑问是在一个绝大多数人口都信仰印度教的国度,她们能忍受那些婚姻中的繁文缛节吗?对女人来说,婚姻在印度未必就是幸福的代名词,婆家虐待媳妇,甚至烧死新娘令人发指的事情时有发生。当然,在孟买这样的大城市,不少青年男女已经摒弃了传统观念,但很难说他们的家族

第三章　社会舆情

长辈也会宽容以待。后来经过了解，我发现这些嫁到印度的中国女子，她们的婚姻都有点曲线救国的味道：有的嫁给了基督教家庭；有的夫家信仰佛教（例如那个爱雨的上海江小姐）；有的虽然丈夫信仰印度教，但是公婆均已过世，家庭宗教氛围已然淡化；有个北京姑娘嫁给了一个完全彻底的印度教家庭，但她大部分时间包括怀孕生子都在北京的娘家度过，结婚3年只在孟买呆了4个月。总之，她们都各有高招，巧妙地绕过复杂的婚姻戒律。

　　嫁到印度肯定要面对诸多困难，最主要的是工作问题。持有中国护照成了她们就业的最大障碍。不加入印度国籍，就无法在当地找到正式工作，她们多数人只好做家庭主妇，有的被迫在先生的公司里从事自己并不喜欢的工作。那位来自上海的江小姐后来向中国驻孟买一家公司提出申请，希望得到一份工作，据说那家公司后来录用了她。她为了逃离职场远嫁，如今却又回到职场！不过她认为在这里工作比国内轻松许多，只为打发时光不为赚钱工作感觉很幸福。另一位成都姑娘则在丈夫开办的渔业公司里做财务总监，十几年前嫁到孟买就随夫家皈依了基督教。她和先生每年都回成都看望父母，她先生因为"太喜欢成都了"，一心想退休后去那里定居。他们的儿子已经是位读高中的帅小伙儿，准备毕业后去中国念大学。夫妇俩在孟买雄心勃勃苦干多年，把公司做得有声有色，也积攒下不小的家业。

　　从自己成长的熟悉环境来到陌生的国度，嫁到孟买不啻是

孟买印象

一种冒险；不过我想来之前她们应该都有心理准备，也相信爱情会像阳光一样透过忧虑和阴郁的雾霾，照亮她们在异国他乡的生活；退一万步讲，即使有一个糟糕的结果，她们也会收获一个圆满的过程。祝福她们在孟买生活得幸福快乐，更愿随着经贸往来和嫁娶通婚，中印两国化干戈为玉帛成为友好近邻。

第三章　社会舆情

〖漂泊的鹰〗

很奇怪孟买上空盘旋着鹰。

我曾经走过的海滨城市,如上海和青岛都没见过这样的景致。鹰是草原和山岭的宿主,鹰行天空,豹奔草原,它们只有在那里才能体验和享受到真正王者才有的寂静。

印象中鹰总是与辽阔和寂寞为伍。记得在蒙古国草原上见过许多鹰,它们只在草原和荒漠上巡礼,在乌兰巴托市区里只看见麻雀和鸽子,几乎不见鹰踪。而在孟买,在这个喧闹的城市上空却时常可以见到鹰。

孟买的鹰有些嫌贫爱富,只在酒店和高楼大厦之间徘徊游荡,低矮处和贫民窟周围仅见到乌鸦和鸽子。这里的酒店楼顶

孟买印象

上多设有露天游泳池,招徕大群乌鸦与鸽子们喝水,但是鹰们从来不靠近泳池,只在楼顶上盘旋。后来发现它们是借助海风在高楼之间产生的气流滑翔,省力,而且可以敏锐地发现食物。一俟有了它感兴趣的目标便箭一样俯冲下来,抓住战利品后再振翅飞升上去,让人想起《红楼梦》里薛宝钗的名句"好风凭借力,送我上青云"。

在乱糟糟的城市里,乌鸦、鸽子、绿鹦鹉、白鹭都有自己温暖的窝,或在树梢上,或在屋檐下,或建筑在外墙镂空处;我好奇鹰巢所在何处,因为据说鹰只将巢穴建设在山岩上。

一次我乘飞机回孟买,凭窗看见东北处有大片大片的高山峻岭,方悟到那可能是苍鹰真正的家,在孟买上空盘旋只是它们为生存所选择的一种漂泊生活。在这里鹰是漂泊者,是过客。

第一次近距离看到孟买的鹰是在一个叫艾莉的朋友家。她家住在一座高档公寓的24层,楼之间每天有5只苍鹰如期盘旋。她说自己烦闷的时候就靠近窗户凝视这些鹰,已经和它们稔熟了。艾莉来自台湾高雄,先生是德国一家大公司常驻孟买的职员,已经在这里工作了5年。印度作为新兴经济大国近年来一直吸引着世界目光,许多商家纷纷涉足印度经济中心孟买,希冀淘到一桶金。常驻孟买的外国公司职员不断增多,他们的华人妻子自动组成了"太太团"。

临近中秋节,我在艾莉家参加了一次太太团做月饼的聚会,成员们是些温婉含蓄的东方"小女人",多数在孟买生活了3至5年,像那些盘旋的鹰一样是这个城市的过客。大家一边动手

第三章　社会舆情

揉面做馅一边倾吐着在孟买生活的感受。女人们关心的事无外乎购物、孩子教育、请保姆等，她们对这个乱糟糟的城市固然有不满，但更多的是喜欢。太太们分别来自北京、四川、香港、台湾和新加坡等地，从不习惯到习以为常，已逐渐和孟买生活相互融合。

都是心思细密的女人，聚在一起自然要倾吐着各自的心事。艾莉的先生要被公司调回德国，她正在想办法阻止调令。她说自己喜欢孟买，这里气候宜人终年常绿，不仅物价低廉，人工费也便宜，一个月只花600多人民币就可以雇到会讲英文的保姆；而回到劳动力昂贵的德国，她只能放下身段自己照顾孩子。30多岁的香港人蔓红忙着给韩国一所学校打电话，因为先生要调到韩国分公司工作，需要赶紧给两个小孩子在当地找学校。她已经随丈夫转战了几个亚洲国家，习惯了漂泊；来自北京的小晴在大学时曾经踌躇满志想干一番事业，来孟买后无所事事，三年中生了两个小孩子，扔掉了专业觉得很无奈。她曾经努力想找份工作，拣起扔掉的专业，但是有孩子在事无巨细都要操心，已经淡漠了工作的愿望。

女人的心事繁密而纤巧，谈起月饼来却不约而同地想起了故乡。家乡月饼像思乡使者，在深深的惦念中酝酿出独特的味道，想起来淡淡的甜，浓浓的香。来自台北的王太太用绿豆粉和黄油炒制成月饼馅，另一位新加坡华人江小姐详细介绍了桂花月饼的制作方法。广州女人夸口广东月饼，让北京太太骄傲的是稻香村的五仁月饼。大家各自想起家乡独特的月饼制作法，将

孟买印象

深植于心的文化传统包裹进小小月饼中。中华文化强大的凝聚力像一堆浸润了煤油的干柴,一点点火星就能燃起熊熊的思乡烈焰。

当窗外那几只鹰又飞升上来时,我忽然感悟到,虽然在这个城市过着漂泊生活,但它们还是向往着辽阔草原和寂静山林,只有那里才是它们心灵的港湾。作为孟买过客,感谢这个城市给了我们生活一段色彩斑斓的旅程,但是终归我们还是心向祖国,那美丽的辽阔的家乡。

第四章　行走印度

〖浪漫坚贞乌代浦〗

乌代浦 Udaipure，这座白色小城恬静、温婉，宁和，每个角落都散发着浪漫气息。城堡、湖宫、山顶落日，月映湖波，无不让人流连忘返。春节期间我们游历了这座古城，徜徉在湖畔山巅、城堡宫殿，恍如置身某个欧洲小镇。这座被印度人誉为最美丽的城市，实际上根本就不需要刻意营造什么，湖光山色，城堡宫殿，一切似乎浑然天成；含蓄不娇柔，清新而不谄媚。我想每一个离去的游人都会留恋着她的气息，惟愿多呆几日，哪怕什么都不做，仅仅坐在岸边凝望就足矣。

浪漫皮丘拉湖

"乌代浦"在印度常常被当做浪漫代名词，美丽的皮丘拉湖是她的灵魂。只要耐心穿过老城拥挤的小巷、远离嘈杂的民居，眼前便豁然开朗。蓝天白云下，一汪清澈的湖水如长轴画卷铺陈眼前，浩浩荡荡向天边延伸而去。湖中野鸭和水鸟三五成群，踏着绿波，惬意地游弋，不经意间把如镜的湖面划出道道波纹；夕阳里洗衣妇在湖边撩动彩色莎丽和土布，再为寂静的湖水平添几许生动。岸边，比肩排开的城市宫殿在湖面上画出精致倒影，雍容华美的几座大型酒店联手阿拉瓦砾群山占据了湖的另一侧，为皮丘拉湖画上了完美句号。

拉贾斯坦邦多为沙漠，气候干旱，而身处该邦腹地的乌代浦却与其他城市截然不同，湖泊映照，绿洲环绕。这样一个"水灵"的城市又地处沙漠正中央，莫非真是上天眷顾，让她拥有得天独厚的勃勃生机？

皮丘拉湖上有两个小岛，分别建造了两座宫殿。杰格·尼瓦斯岛上著名的湖宫，是18世纪中叶王公贾哥·辛格下令修建的避暑夏宫，如今为世界公认最具浪漫情调的宫殿旅馆。从岸边望去，白色古典风格的建筑仿佛遗世独立地漂浮在湖水中。湖宫自从1983年成为007系列影片第13集《八爪女》的主要拍摄场地之后名噪一时，连带风光旖旎的乌代浦一起在全球声名鹊起，而湖宫也跻身为世界顶级度假酒店。酒店奢华典雅、金碧辉煌的内装饰让人瞠目结舌，许多人都梦想着一睹芳华，很遗憾，只有住宿的客人才有资格乘小船登上湖宫，而一晚600美元起步的价格让多数游客望而却步。我听一位有幸在湖宫住过一晚的朋友说，那一晚，她真的舍不得入睡。湖宫旅馆

第四章　行走印度

拥有 83 间皇室贵胄气派的房间，每晚价格从 600 美元到 1700 美元不等。印度的富人们喜欢以住进湖宫的天数为炫耀，而我，只能在游船上远远地欣赏，想象她的美丽。距离就是一种美，有时候，遗憾，会使你今生都留存着这份美好怀念。

皮丘拉湖另一个小岛杰格·曼狄尔小岛上建有一座白色大理石宫殿，以贾哥·辛格的名字命名。最浪漫的故事是 1624 年莫卧儿帝国的沙贾·汗在这里小住，精致美丽、如灵巧佳人一般的宫殿让他遐思无限，这位多情的国王后来根据她的原型构思了举世闻名的泰姬陵。我还听说好莱坞影星费雯丽也曾经在此度假，想象绝世美人凭栏遥望的情景，人间仙境，也不过如是吧！因着美丽的故事，这座方圆不足半公里的小岛成为著名的婚礼圣地。历来印度王公贵族的儿女婚事都喜欢一掷千金地来这里举办。印度独立后，王族势力迅速消退，如今在这里唱主角的多是些大财团大公司的顶级富人们。当我们赶到那里时，一场豪华婚礼即将登场，印度知名公司的儿女婚宴，已经把小岛装点得宛如童话世界。

站在阿拉瓦砾山脉远望湖光山色，一览无余！心情变得开阔起来。落日余晖，尽情倾洒在迷人的白色小城，湖宫泛着金色光芒，漂浮在如镜的湖面上，这一刻，让我屏住了呼吸⋯⋯

乌代明珠——城市宫殿

城市宫殿位于波光潋滟的皮丘拉湖畔，这组华丽的建筑外观巍峨壮观，精雕细琢，内部构造则极其繁复。城市宫殿 1559

孟买印象

年由乌代·辛格王公下令修建，历经 400 多年风霜雨露，融合了 16 世纪到 20 世纪 22 位王公的智慧和努力，雕琢成乌代浦最为耀眼的明珠。400 多年中尽管时光荏苒岁月更迭，宫殿仍然令人惊奇地保持着设计的一致性，成为伫立在湖边一组美丽的风景画。她是拉贾斯坦邦规模最大的宫殿，完美地把拉杰普特民族风格和卧莫尔建筑风格结合在一起。

城市宫殿是乌代浦最辉煌雄伟的建筑，如今她的一部分改造为豪华旅馆，一部分仍然住着前朝的遗老遗少，正殿部分则辟成博物馆对外开放供人欣赏。可以说城市宫殿本身，就是最大最精美的一件艺术品：四层的石制乳白色建筑占地广阔，外观恢宏内饰复杂，光是墙体上的雕刻就足以让人眼花缭乱，武士、神兽、战车在高墙的每一个角落还原着印度教史诗中的动人故事和感人场面。每层的门窗上都建有莫卧儿时代的拱顶，阳台安装着石质镂空雕花倚栏，精细到让人屏住呼吸不忍依靠。

宫殿外有厚重高大的城墙围护，内有四通八达的狭窄通道连接各个房间，恍如迷宫让人不知所措。这是典型的拉杰普特民族风格设计，如有外敌闯入，多数都会迷失在蜿蜒狭窄的通道中。宫殿的内饰装置更是奢华，遍布以彩色玻璃和马赛克拼镶而成的图案，墙壁四周挂满迷你精致画、用天然石料为颜料绘出的民俗画和美丽的镜子。所有的历史遗迹都在细细密密地述说和再现着印度教史诗的宏伟。

宫殿中最让人心旷神怡的地方是顶层天台。这是片独立于整个建筑的小小广场，可以俯瞰全城。乌代浦建城之初就有

第四章　行走印度

规定,为了保持城市的统一性,所有民房都必须保有白色外观,所以乌代浦还有另一个动人的名字—白色城市。站在天台上俯瞰,一色的乳白色建筑,干净、唯美,没有任何世俗的高楼大厦,没有恼人的广告招牌,前尘往事已灰飞湮灭,一切又回归昨日的平静与安宁。

不屈乌代浦

实际上乌代浦并非为浪漫而生,最初竟是诞生在血雨腥风中。和拉贾斯坦邦的其他城市一样,乌代浦也是一座以名人命名的城市,"乌代"是当年国王的名字,"浦"是印地语"城市"之意。早在16世纪,当强大的莫卧儿王朝以雷霆之势从北方来袭时,沙漠中的各个土邦土崩瓦解,纷纷投降称臣;当时的梅瓦尔土邦王公乌代·辛格当机立断,决定迁都到易守难攻的山谷中,以抵御来犯之敌。乌代·辛格和他的儿子贾哥·辛格接连抵御住莫卧儿王朝的进攻,使梅瓦尔土邦终保持独立地位,即使持续受到强敌围攻,依然凭着险要地势浴血奋战,拒绝被外敌奴役统治。

1568年乌代·辛格在山中建立了乌代浦,作为梅瓦尔公国的都城。至今保存完好、横卧在群山之巅连绵不绝的巍峨城墙就是乌代浦个性精神的佐证。乌代浦古城依山而建,易守难攻。沙漠中的城市把水看成是自己的灵魂,为解决饮水问题,辛格王公下令兴建了皮丘拉湖、法塔赫湖等4个人造湖泊,留住雨季从山上流淌的水源。这一英明决定为后人留下了宝贵财富,也

孟买印象

使沙漠中的乌代浦变成了水乡绿洲，至今仍在荫庇子孙，造福后代。这一故事揭开了乌代浦的"水灵"之谜。此后辛格王公的儿子贾哥·辛格又进行了工程浩大的扩建，修造水坝，使皮丘拉湖达到5公里长，3公里宽。

历史上的乌代浦人始终具有自己独立意志，铁血钢刀烽火销烟都不曾左右。在莫卧儿王朝统治时期，乌代浦是拉贾斯坦地区唯一不通婚示好的公国；到了英国殖民时期，英国女王在德里召见印度诸王侯，只有乌代浦的法特·辛格王公断然拒绝出席，充分显示了乌代浦人的不屈与骄傲。在乌代浦机场，司机指给我们看乌代的雕像，昏暗的夜色中隐约看到一位跨着战马的英勇武士，挥舞着手中的军刀，头盔上的红缨迎风飞扬，这才是我心目中乌代的英雄形象！

在了解了乌代浦曾经的风刀霜剑和铁血生活，很难想象今天的她是如此精致、安宁。有时候浪漫和刚毅似乎是一对孪生兄弟，它们会同时赋予一个人，一个城市；浪漫的人不长于算计，不计较、甚至"不识时务"，也会表现出过人的刚烈，一如哭倒长城的孟姜女，化蝶而去的祝英台，从容赴死的朱丽叶……而乌代浦，在尽显坚毅的同时也在毫不吝啬地挥洒着她的浪漫气息。

当晚红落入群山怀抱，乌代浦，带着几道往事的风霜更显得雍容华丽。

第四章　行走印度

〖亨比的神话〗

　　亨比位于印度卡纳塔克邦，宽阔山谷中遍布着巨石和400多年前城墙宫殿的残垣断壁。它曾是电影《神话》的外景地之一，影片中男女主角—金喜善和成龙互诉衷肠，背后青草萋萋的山坡上散漫着无数巨石的场景，可以让你窥见亨比的冰山一角。待我乘火车从班加罗尔抵达亨比古迹不远的小镇霍斯佩特，才知道《神话》这部影片在当地影响之巨：我所遇到的乡民，无论导游还是旅馆服务员，一俟知道我们是中国人，立刻高喊"杰克·成，杰克·成"，连上学的孩子都骄傲自己知道这个中国名字。看上去成龙的功夫已经幻化成英雄形象根植民心了。

　　《神话》描述的是美丽的爱情神话，而亨比展现的是印度维查耶那加尔帝国辉煌都城的神话。

孟买印象

曾经的辉煌

14世纪,亨比成为印度南部最后一个印度教大帝国维查耶那加尔都城。关于这个神秘帝国的建立众说纷纭。与脉络清晰、记载详实的中国历史不同,印度本身就是许多邦国的组合,兴亡更替十分繁复。当一个邦国被毁灭后就像抹布擦干桌上的水渍一样不留痕迹。那时候正是莫卧儿帝国的全盛时期,这些具有蒙古血统的突厥人占领了印度北方大片土地,并向南方挺进。一些历史学家认为,曾经有一个叫维查耶那加尔的英雄,率众挡住信穆斯林教的突厥人入侵南印度,建立城邦。另一些历史学家认为,帝国的创建者是一位名叫布克·拉雅的将军,当穆斯林占领印度北部各国,一直打到通巴德拉河北岸之时,拉雅将军率众逃到河南岸,建立了印度教帝国维查耶那加尔。在穆斯林南侵的道路上,维查耶那加尔成了印度教唯一的抵抗力量。布克·拉雅的儿子哈里哈拉继位后动员各种力量御敌,并向南方开疆扩土,将南印度大部分地区,比如今天的卡那塔卡、喀拉拉、泰米尔纳德,甚至连斯里兰卡也置于帝国统治下。他们搜集南印度的奇珍异宝,在亨比建造了一座辉煌无比的都城。

在梵语里,亨比是"毗奢耶那伽罗(Vijayanagara)",意思是胜利之城。维查耶那加尔因棉花和香料贸易而致富,14至16世纪期间,极其富有的一代又一代国王们在这里建造了宏伟都城,包括令人赞叹的庙宇和富丽堂皇的宫殿。城市里不仅有珠宝、香料市场,也有马市、衣市等,吸引了世界各地商人目光。露天货摊旁人群熙来攘往,摊位上摆放着琳琅满目的绸缎、光

第四章　行走印度

彩夺目的美钻以及红宝石和祖母绿。

暴富的维查耶那加尔人开始打造奢华城市，统治者一掷千金地修建恢宏华美的宫殿、寺庙、剧院、市场、蓄水池，使亨比成为中世纪世界上最美丽的城市之一。旅行家们跋山涉水赶来，只为一睹芳华。据说葡萄牙旅行家多明戈·佩斯曾有机会进入皇宫，那里的富丽与奢华让他眼花缭乱：一间间内室由象牙镶嵌而成；某个屋子的天花板上垂下几根金链，链子上吊着张小床；还有装饰得流光溢彩的宽大舞厅。国王每天下榻在宫殿中，黎明即起，先是让仆人为他按摩，进行严格锻炼后再沐浴。拜过神后，精神和肉体都充满活力的国王开始接见大臣。如果他在一天当中感到厌烦的话，还有多种消遣方式。他拥有几位妻子和 300 多个姬妾，以及 1200 个被雇来作歌妓、舞娘和乐师的女子……即使夜夜笙歌也消遣不完。

富裕奢华的日子让邻居垂涎。1347 年在德干高原建立了庞大的独立王国穆斯林巴赫马尼王朝，其继承者分治为 5 个穆斯林小国。他们早就想灭掉笃信印度教的维查耶那加尔，而这个国家的奢侈挥霍更让他们妒火中烧，原本互相敌对的 5 个小国结成同盟，于 1565 年向帝国宣战。此时的维查耶那加尔帝国因为王位继承问题发生内讧，只能匆忙迎战。过惯了舒服日子的维查耶那加尔人怎敌苏丹的金戈铁马，经过一场史诗式的达利戈达战役，被联合部队彻底打败。征服者在亨比城中烧杀抢掠长达 6 个月之久，城市被洗劫一空，毁于一旦。那些富丽堂皇、精妙绝伦、见证王朝之伟大的建筑顷刻崩塌，碎片瓦砾散落

孟买印象

一地。侵略者在践踏和毁坏它后便绝尘而去，只留下了累累伤痕和无数断垣残壁。

这种行径让人想起蒙古人成吉思汗（莫卧儿帝国创立者巴布尔是其后裔）。13世纪初他以雷霆之势力横扫中国华北平原，把当政的金王朝赶到黄河以南。但当时他并不懂得占领城市的重要，认为那里既不能养羊放牧又不可操练兵士，实在没意义。所以在烧杀劫掠，摧毁宫殿建筑后便弃城而去。而他们一旦离开，金人就派兵来收复这些城市。这种拉锯战重复了很长时间。同样，这些穆斯林苏丹劫掠烧杀后便悉数撤走，之后，维查耶那加尔人又返回来收拾残局。

遭此劫难后，维查耶那加尔帝国开始走向衰落。17世纪中叶被比贾布尔和康尔喀达苏丹国征服，后分裂成几个小国。其中的迈索尔王朝一直生存到印度独立前。这个强大帝国断断续续延续了400年，往昔的繁华烟消云散，今天的人们只能从这些默默矗立于荒凉平原的巨大遗迹中遥想昔日辉煌。

记忆中的繁华

如今的亨比是片辽阔山野，这里的夜晚离星星最近，那些无声矗立在山坡上的石头遗迹，宁静得让你误以为天堂一角。原野上的古迹很分散，如果徒步参观一天也走不完。我们租用当地人的汽车，大致走完遗迹用了两天时间。

石头垒筑的露天王后浴室有篮球场大，从没有想到一个普通的洗澡堂可以如此奢华。其外形让人想起罗马斗兽场，四

第四章　行走印度

周修建有护城河,清亮的河水至今依然在浅浅淡淡地流淌。浴室内雕刻精美,周围环绕着拱形长廊,廊上面朝池水等距离地建造有凸出阳台,导游说是供国王和王后观看嫔妃们在池中游水嬉戏的。阳台底部是莲花喷头,昔日曾日夜不息地喷涌着芬芳流水,飘洒着玫瑰花瓣的一脉馨香。浴室不远处有座已残破不堪的瞭望塔,原先由太监看管,专供贵妇们观宴用。

维查耶那加尔帝国的宫廷贵妇们一定享尽了人间富贵,花样翻新地让后宫的生活无比享受。两层高的莲花楼坐落在女人专用的围场内,是亨比遗址中极具魅力的地方。优雅迷人的女人为这里平添了许多激情和灵感,它也成为维查耶那加尔王朝最有名的宫殿建筑。莲花楼整体玲珑剔透别具匠心:一层巧妙地修筑连续的花瓣状拱门;顶层的金字塔共有9座,中间的最高;整个宫殿宛若一朵莲花,也因此被叫做"莲花楼"。这座两层的开放式宫殿,是妃嫔、公主和女眷们消暑嬉戏的地方。在炎热夏季,有清凉流水被沟渠引导到这里,环绕宫殿流淌,给莲花楼降温。想象那些包裹在金银锦缎里繁花一般的宫廷贵妇们,坐在拱形窗旁望着洒满花瓣的渠中水,享受着微带馨香的清凉,该是怎样的富贵景致。

维塔拉神庙(Vitthala Temple)是亨比的灵魂。这座寺庙建于16世纪初,为纪念克里希纳·迪瓦·拉雅国王战胜奥利萨王国的战绩而建。走进维塔拉神庙高大山门,一座雕刻精美的石制战车兀立面前。据说这架由两只小象拖拉的战车在当时维护良好的情况下,四个车轮都可以转动。我相信每一位游者

孟买印象

都会在此流连忘返,因为其精美绝伦实在让人叹为观止。

战车后面是主殿,我也称它为音乐殿堂。四周的墙基都有精美雕饰,大理石廊柱上的雕刻繁复而精致。主殿因有56根音乐石柱而著名,轻轻敲打石柱,便可发出高低不同的清脆音响,宛如一首悦耳的清歌。传说主神毗瑟絮觉得住在这里太过奢华了,竟毅然回到他简陋的老家。只可惜多数音乐柱都已毁于战火和岁月风霜,为保护起见主殿也禁止游客接近,不能亲耳聆听仙乐。

这个曾经的城市里还有许多匪夷所思的奇迹。维塔拉神庙的后边有一座国王天平,在神庙的左后方,好似一个石头门框。当年皇帝用它称量黄金和珠宝,然后分给穷人和其他城市的婆罗门。不远处是象宫,顾名思义就是饲养大象的地方,草地尽头一大排拱门象房可以同时安顿11头大象。可以想象,当敌人紧逼时,战士们从这里骑着战象,手持武器奔赴战场。眼前宏丽的象宫,让我真心以为维查耶那加尔帝国的工匠们可能是世界上最为认真不苟,也最心灵手巧的匠人,连马厩象房都精雕细刻到让人瞠目结舌。

用巨大的岩石修建而成的寺庙随处可见,但香火最旺的还是位于汉皮中心的维鲁帕克萨寺。它位于一条长700米的街道的西头。维鲁帕克萨寺里供奉着破坏神湿婆,朝圣者们在通往寺群的长长的道外集合,睡在薄薄的一层被褥上等待黎明到来。寺庙里面是一个巨大的露天广场,远处是一处圣地,当拂晓的阳光照在寺内的柱子和神殿里的佛龛时,黑夜便渐渐隐

第四章　行走印度

去。在光明里你会因微妙的、不可见的，但确曾存在的力量点亮了心灯而深深感动。

亨比，它曾经是轰轰烈烈喷发的火山，在那个时代留下了美丽盛景；而当时代熔岩渐渐冷却后，它又把那段历史凝固成永远的神话。

自然淳朴的生活

亨比古迹这块七彩炫目的瑰宝长时间明珠暗投，连印度人自己都不知道她的存在，只是近代才从泥土里挖掘出来的，很多遗迹甚至到最近20多年才出土。联合国教科文组织于1986年将亨比古迹列入世界文化遗产名录。30多年过去了，通往亨比的路依然千辛万苦。我们最先到达卡那塔克邦的首府班加罗尔，从那里乘坐火车抵达亨比附近的小镇霍斯佩特，然后租车前往。那趟火车在这条线路上独此一家，车厢破败路轨失修，走起来摇摇晃晃，若想一路平安只能自求多福。当我们抵达小镇后，听说这条火车线路刚刚发生撞车事件，100多人死于非命。也正因为探访亨比的去路不易，让它多年来很好地保持了自然原貌。这种天然质朴未加修饰的名胜景点在地球上已经为数不多，就像热闹的娱乐界里敢于素颜面世的女影星一样寥若晨星。

让我惊异的另一点是古迹的门票极便宜，主要景点对本国人只要10卢比（合人民币1元），多数地方甚至不要门票。在偌大的山野水流之间，在浑然一色的天地之间，你只管随意游荡，自由呼吸。一些游人在草地上席坐野餐；另一些干脆在山坡上

孟买印象

支起帐篷过夜,也许只为了更贴近亨比山水并触摸400多年前维查耶那加尔帝国消逝的脉搏。

阳光照在奔流不息的通巴德拉河上,水中的巨石经历了万年冲刷已变得光滑如玉。这里就像卡纳塔克邦德干高原炎热土地上的绿洲。在这片富饶的绿洲中有香蕉种植园和可可林,平静河水淙淙流过山间;河上漂过来几个大笸箩船,皮肤黝黑的小男孩儿用一根竹竿撑船,搭载游客沿河观光。我们每人花了200多卢比,坐在笸箩里来了一次水上漂流,遥望远山如黛,有一种如醉如仙的感觉。

在亨比盛世终结了450年后,今天的村民们依然延续着古老淡泊的生活方式。猴子爬到屋顶嬉戏吵闹;黄牛在乡间小道上漫步;当地人用菠萝、香蕉和发泡的凝乳配制成可口的饮料;家庭式小饭馆里热情好客的老板娘和女儿们把门前小路打扫得一尘不染;在凉棚下你可以品尝各种当地土制菜肴……印度南部生活的幸福画卷便从这里从容展开。

似乎欧美游客更加欣赏这种异域文化和富有情调的生活。我在一块巨石顶遇到一位来自西班牙的姑娘,她坐在石头上潜心读书,风动,长发动,裙裾动而心不动,看上去安详惬意。她告诉我来亨比已经7天了,几乎每天都坐在这里阅读,享受着阳光、清风和伟大历史遗迹散发出的思古之情。她在马德里有份工作,但不喜欢城市的拥挤嘈杂,一直想找片远离尘世的净土读书,终于在亨比实现了愿望。她说自己想一直呆下去,就算辞掉工作也没关系。另一对来自澳大利亚的退休夫妇不住旅馆,

第四章　行走印度

而是把帐篷扎在乱石中，只为了在亨比宁静苍凉的夜看头顶上那一穹闪闪的星星。与"梨花院落溶溶月，柳絮池塘淡淡风"的人造意境不同，亨比以它古拙、质朴、苍凉和高傲闯进你的眼界，如风卷残云般扫去心中久积的尘蒙，使你在历史与自然中受洗。

我感觉印度人其实是大智慧的，面对如此金贵的旅游资源，面对亨比这座金山，他们从不修饰改造和促其商业化，甚至舍不得修葺一下通往那里的公路和铁路，一任道路艰难而令游人生畏，只把它的美丽奉献给真正的识金者。亨比的原住民满足于原封不动地恪守祖先遗产，生活得很幸福。有时候，改变，未必就是一种进步。

走马观花看过神庙和宫殿继续向前，一片残存的地基在眼前兀现，导游告诉我们这里就是维查耶那加尔帝国的皇宫遗址。当年的战火几乎焚毁了宫殿的主体结构，只剩下偌大的石头基础。走上高台放眼四面的寂静荒凉，谁能想象这里竟是当年国王待客和观赏歌舞的宏大礼堂。在这四方形的大殿地基上，哪里曾经是象牙镶嵌的内室？哪里是流光溢彩的舞厅？国王在哪里接见大臣，又是在哪里寻欢作乐？

当往日的旖丽繁华已经烟销云逝，只留下偌大基座默默地祭奠着。

远去了，昔日的繁华盛景。眼前的残垣断壁斜照夕阳似乎在告诫世人，势不可使尽、福不可享尽、聪明不可用尽、利不可占尽。富贵荣华如过眼云烟，长留不断的只有时间。

孟买印象

〖奥兰加巴德的奇迹〗

提及孟买名胜，印度朋友无论男女总是首推孟买以东350公里处的奥兰加巴德。该地的阿旃陀和埃洛拉两个石窟举世闻名。他们介绍说阿旃陀石窟与泰姬陵并称为"印度双璧"，不可不去。看来在孟买居住若不去那里一游将会有虚度之虞。

没过多时，一位到访过奥兰加巴德的同事回来悻悻地说，有啥好看的，到处是光秃秃的石山，山里有一些石窟，石窟里有些石像。天气干燥炎热又渴又累，皮肤都晒脱了皮；而另一位与她同行的朋友则告诉我"还想再去一次"。她是位印度文化爱好者，看了奥兰加巴德觉得敦煌变小了，而且是"小巫见大巫"。我曾访问过敦煌两次，闻听此言虽然有点儿郁闷，也更想去见

第四章　行走印度

识一下她所盛赞的极品石窟。

我们乘坐小飞机到达奥兰加巴德,这个小城与阿旃陀和埃洛拉正好构成三角形的三个点,从孟买出发去看佛教石窟,驱车从奥兰加巴德出发路线最佳。

阿旃陀石窟

从奥兰加巴德乘车大约100公里就来到阿旃陀石窟。石窟群开凿在温迪亚山北部马蹄形的悬崖上,巧妙地隐藏在一片幽幽山谷中。站在石窟对面山崖上俯瞰脚下绿荫密布的山谷以及潺潺流水的瓦古尔纳河,仿佛来到了梦幻仙境。这里共有高低错落的29个石窟,绵延550多米,集古代建筑、雕刻、绘画之大成,融佛教信仰、文化变迁、社会生活于一体,艺术价值极高又饱含深厚历史底蕴。

公元前271年,孔雀帝国的阿育王继位,整个南亚次大陆在历史上实现了第一次统一。阿育王以佛教为国教,并派人四方传教。公元前185年,孔雀帝国被巽伽王朝取代,尽管新王朝对佛教有所遏制,但阿育王时代奠定的佛教传播态势并未受影响,将触角一直伸到德干高原西部的阿旃陀。阿旃陀之所以被选为开凿石窟地,除了马蹄形自然地貌的美妙绝伦外,还与其地处西印度重要商道附近,赢得众多商人与贵族支持有关。此外,这里地表石质松软易于雕镌。经过人们近百年的努力,造就了阿旃陀石窟的第一次辉煌。

7世纪后,印度教的复兴使印度佛教走向衰落;以后又不断经历穆斯林政权打击,阿旃陀石窟竟然杳无声息地在印度消失了。最后一次记载阿旃陀石窟的是7世纪中国僧人玄奘,此后石窟销声匿迹,世人完全不知道在奥兰加巴德这里深藏着一座奇迹。

许多年后,一个有趣的故事发生了。

1819年,英国军官约翰·史密斯受到当地邦主邀请参加打猎,在追击一只老虎时误打误闯来到了一座深山密林。他躲在瓦格拉河谷中等待时机击毙猎物。他环顾四周,看到老虎就歇息在不远处,正准备开枪射击时,视线被枝叶遮盖的岩壁奇异形状所吸引。在强烈好奇心驱使下,他一直等到老虎远去才爬上山崖察看,发现那竟然是在岩石上雕刻的有着精美装饰的马蹄形窗户。史密斯费力地拨开树藤和杂草,看到了一些让人瞠目的石刻艺术精品。回到驻地后他将这一发现公布于众,并未引起轰动,直到1824年英国人亚历山大参观后才开始向外界介绍这座石窟。后来的英国考古学家来此调研,并于1843年发表了《印度石窟寺》,由此才引起人们对阿旃陀石窟的重视。到20世纪初,阿旃陀石窟已经成为闻名世界的文化圣地,而当年史密斯追赶老虎首次发现石窟的地方被改造成最佳观景台。

阿旃陀石窟始建于公元1世纪,最终完成于700年后。据说有的石匠家族祖祖辈辈几代人都只为雕刻一间石窟而生息。试想,在悬崖峭壁上开凿出一间间石头屋室,于墙壁四周雕刻出栩栩如生的人物故事,又将门窗镂刻出精美雕饰,是何等费时费力之工程,又需要多么坚韧不拔的顽强毅力!石窟高低错

第四章　行走印度

落，以壮丽建筑、精美雕刻和壁画著称。窟形分支提和毗诃罗两大类，以后者居多。毗诃罗窟内部有石床、石枕、佛龛等。壁画是阿旃陀石窟中最为瞩目的艺术，被认为是印度古代壁画的重要代表，主要表现佛的生平故事和印度古代宫廷生活。石窟有些昏暗，有的地方需要使用手电筒方能看清楚，有的石窟在地边点燃蜡烛，方便游客观赏。由于壁画多是用天然颜料着色，历经几千年依然褪色不多，让人在感叹中领略当时印度人的审美意识。无论坐在莲花之上的佛祖，还是跃水而出的众神，个个都是神彩生动，飘逸飞扬。让后世的佛造像只能模仿却很难超越。

我来到这里方知道飞天的造形是印度首创，壁画上反弹琵琶女子的动作和服饰都与莫高窟十分相仿。按照时间顺序应该是阿旃陀石窟壁画开凿在前，也许是我们远祖的工匠艺术家曾经不辞辛苦跋山涉水前来留学观摩，或许是印度工匠把雕刻艺术带到了敦煌大漠。想必历史上两国的艺术交流十分密切，让两处的石窟何其相似。

埃洛拉石窟

第二天一早，我们乘车去埃洛拉。埃洛拉石窟在奥兰加巴德西北约30公里。自然环境与阿旃陀石窟迥异：山崖光秃干旱炎热，沿着石阶上上下下走很远也难觅一处树荫遮挡骄阳，难怪我同事抱怨都晒脱了皮。石窟是5、6世纪开始修建，到14世纪基本完成。共有34窟，包括佛教、印度教和耆那教三种不同建筑风格。在萨雅迪利山脚下,一所所佛堂经舍和庙宇雕塑逐渐呈现在人们的眼前,面相庄重的佛陀坐像、翩翩起舞的湿婆浮雕、赤身裸体的耆那尊者,不同时期、风格迥异的洞窟和雕塑由东往西错落有致。穿行在这些宗教圣殿之间,我们也仿佛回到了印度各种宗教最为鼎盛和繁荣的1000多年前。

埃洛拉石窟是世界上寺庙石雕建筑经典,这些寺庙建筑代表了从公元350年至公元700年之间的宗教信仰发展历史,最显著的是印度教、佛教和耆那教文化。石窟中最为壮观的是第16窟,供奉印度的主神湿婆的凯拉萨神庙。凯拉萨雪峰相传是印度教湿婆神在喜马拉雅山麓隐居的地方,公元8世纪晚期,古印度拉什特拉库塔国王为了纪念战争胜利,同时也为了能够让湿婆神在自己的国土上生根,遂下令在埃洛拉建造祭祀湿婆的神庙。这座最高处约32米的印度教庙宇完全由一整块巨型山岩开凿而成,没有添加任何建筑材料,数千名工匠前后共花费150年的时间,一点点从山顶向下雕凿,在移除了240万吨山石之后,神庙才最终得以建成。走进凯拉萨神庙大门,人们不能不为工匠们的鬼斧神工啧啧称奇。而主殿四周则布满了各种各样叙述印度教故事的浮雕,其生动的人物形象、精美的雕饰工艺令人折服。巨石的雕凿稍有闪失便会破坏艺术的美感,甚至还可能会使整座神庙的建造前功尽弃,正是教徒与工匠们秉持着一颗虔诚的心,成就了世界建筑史上的这一奇迹。

神庙中湿婆的四周是高大的护法神及16根巨大的支撑神殿的石柱,下面一圈都是有着优美象牙和象鼻朝外卷曲的大石

第四章　行走印度

象,一头头栩栩如生的雄狮和大象在底部托起整座神庙,大石象内侧是环绕神殿的高大的回廊。这座石窟历经120年才最终完工,是整个埃洛拉的精华所在。站在神殿的脚下,感到的是人的渺小和神的伟岸,这正是神殿的建造者从1000多年前要向我们传达的信息。

美中不足的是埃洛拉石窟中有些精美雕像已被人为破坏,佛教和印度教庙中的神像都有被毁现象,有的肢残体破,有的掉了脑袋,据说是在后世激烈的宗教冲突中被破坏的。试想把一座巨大而质地坚硬的石像砸残砍伤的人们该具有怎样水火不容的宗教意识,在当今印度社会依然可见宗教冲突痕迹。无论如何,让佛教、印度教和耆那教相安一处并非易事,埃洛拉石窟存在至今已经是各种宗教相互体谅的结果了。

印度是一个不折不扣的宗教王国。在这片恒河水哺育的南亚次大陆上,秉承着各种宗教信仰的人们世世代代繁衍生息,他们的虔诚给印度的历史、宗教和建筑文化留下了无尽的宝藏。奥兰加巴德的宗教石刻和壁画艺术让我感到了从未有过的震撼,也让我对印度社会和历史有了更多的认识。

〖喀拉拉回水游〗

我在《美国国家地理》杂志上看到一篇文章,将印度喀拉拉邦回水地区列为地球上最值得游览的50个地方之一。在过去十几年中,那里的游客数量激增,人们纷纷离开喧嚣拥堵的大城市,乘坐船屋在曼妙的回水景色中流连忘返,感受着这里千年不变的淳朴生活。

利用春节假期,我们乘坐印度翠鸟航空公司的飞机到达喀拉拉邦首府特立凡得郎(翠鸟航空没多久就因为财政问题倒闭了),再乘汽车前往凡巴纳湖,直奔下榻的椰林回水度假村酒店。这里是喀拉拉邦最美丽的地方,湖区周围酒店林立。椰林回水度假村被英国旅游杂志评为全世界前25名旅游酒店之一,坐落在湖区一个大岛上,需要乘船20分钟才能抵达。

第四章　行走印度

最为独特的是它几乎是个建筑博物馆,所有居屋都是由拥有100多年历史的老屋翻建的。这些老屋除了岛上原有住宅,全是从岛外整体迁移过来;规模较大的酒店接待大堂和餐厅均拆自贵族豪宅大院,采用印度传统建筑方法再造,以崭新姿态示人。如此讲究的酒店自然价格不菲,来宾们基本都是新德里、孟买和钦奈中产以上的印度人(我们和塔塔集团咨询公司副总裁做了一天邻居),好在我们只体验一晚不至于搞得破产。第二天乘船恋恋不舍地离开酒店,在汽车颠簸之后参观了香料种植园等,终于踏上了一艘船屋,开始了游历回水的行程。

回水神话

在印度神话传说里,毗湿奴的第6个化身帕拉苏玛将战斧丢进大海,结果海水四溢,变成了喀拉拉回水;而实际上回水成因是这一带紧邻阿拉伯海的土地低于海平面,洪水泛滥时海水倒灌使沙洲堆积,海水退去时形成水道和内陆湖泊,成为名副其实的泽国。在没有季风的日子里,回水地带雨量适中河流平缓;但在季风到来时海水就会变得异常狂躁,转瞬即越过不堪一击的沙丘向内陆倾泻。季风带来的大量降雨在短短一两天内让江河泛滥,此时河水水位迅速超过海平面,出现了处处大水漫坡,河水慌不择路向着大海漫去的"灌海"现象。季风过后,河水带着海水退回湖泊,一切又归于平淡。河海之间就这样在自然之手的拨动下,以一种特有的规律交相融汇,宛如日升月落。

喀拉拉回水地带包含40多条从西高止山脉流向阿拉伯海

孟买印象

的大小河流,其间点缀着无数运河和湖泊组成的水路网。这些河流最宽处不过数十米,狭窄的地方可以跨步越过,细腻的水面大多湛清碧绿,波澜不兴,蜿蜒舒缓。河两岸密布的椰林和参天古木犹如道道绿色帷帐,阻断了尘世喧嚣,使掩映在苍翠之中的小河更加清秀脱俗。这里土壤肥沃,盛产水稻香蕉,又因椰林覆盖而被称为"椰子之乡"。回水见证了历史上香料出口贸易的繁荣,它是内陆的居民到达海岸线上港口的必经之路。今天这些水路正发挥着新作用,它的美景也已经被开发到了极致。

乘坐船屋

乘坐船屋在喀拉拉回水旅行,带给人的享受丝毫不逊于在威尼斯运河泛舟。天空中纯净的蓝滴落在平静的水面,远处一排绿色的椰子树是天与水交界的地方。最美丽的不仅是蕉风椰影,还有成群连片洁白如梦的白鹭在林中翩然起舞。我们的船屋有3个卧房,却只有我和先生两人乘坐,来了次独享"草船回水风光"。船内洗手间、空调、电视一应俱全,床铺也干净整洁。如果嫌天气热可以打开空调坐在床上欣赏窗外风光。船屋在回水清风中穿过从库玛拉孔到玛纳瑟拉姆之间的11公里水路,平稳得像在水面上滑翔。

回水上游走的船屋一律以返朴归真面貌出行,每个房间都装饰着印度传统手工艺品,舱顶是朴素的草席,前舱甲板有宽大光滑的木床供游客坐卧。它们时而停泊在运河岸边,时而优雅缓慢航行在运河上。据说这些船屋大多都是从前运送稻米的

第四章　行走印度

船只改装而成，船舱就像一座座谷仓。一些硕大的双层船屋从身边经过，金发碧眼的男男女女外国游客坐在顶层观景台上，向我们招手示意。有些船屋里播放着吵闹音乐破坏了水道宁静，我只希望他们快些离去。

我们的船屋体量小，只有一层，有两名穿着"龙紧"（当地气候偏热，男子喜欢身着叫做龙紧的围裙干活）的壮年男子轮流掌舵，闲暇时也为我们做饭和沏下午茶。给我记忆最深的，是他们黝黑清瘦的脸上永远带着淳朴可亲的微笑。傍晚时他们把船停靠在岸边，远处是波涛起伏的绿色稻田。两人一起进厨房为我们做了一顿丰盛晚餐：烤鲜鱼、咖喱土豆菜花、炸虾和米饭。晚饭后我在甲板上看了会儿星星，就回屋沐浴就寝。

当清晨的红霞把对岸的椰林染红，我走出船屋寝室，竟发现两名船工合衣在船头的甲板上睡了一夜。船屋夜泊在草高林密的湖边，他们难道不怕蚊子叮咬吗？听了我好奇的询问，一位年长的船工微笑着告我，"不怕，不怕。"

"为什么？"

"因为蚊子是朋友。"

一个和蚊子做朋友的人，一个以天当帐地当床的民族，一个不可思议的国度！他们崇尚自然，宽容蚊子，不惧怕蛇虫虎豹，我想这样的人一定活得知足常乐，轻松自信吧。

在我们游览时，喀拉拉邦污染控制部的工作人员乘快艇拦截了6艘船屋，因为它们没有按照标准安装污水处理装置，或者没有把船舷外的引擎改装到船内。喀拉拉邦政府对这些

航行在运河中的船屋管理严格,怕它们泄露出的燃油破坏回水地带的生态平衡。同时,船上一切固体垃圾都不允许倾倒入水中,必须带到岸上统一的处理地点——南印度人的环保意识由此可见一斑。

质朴的生活

吃完早饭(印度红茶、双面煎炸的香蕉和红薯),我倚靠在前舱木床上,贪婪地观赏着在面前一点点展开的回水地带生活风情画。在幽美的湖区,河湖港汊宛转曲回,水面静谧得像面镜子,反射着梦一般的蓝天白云。孩子们沿着河堤上的小路去上学,女人们早已出门,在一条条运河旁洗衣服,她们抡起浸湿的衣裳,用力甩到石头上,发出有节奏的"啪啪"声;男人们以不可思议的娴熟技巧在狭窄的堤坝上飞快地骑着自行车,后座上还放着刚刚摘下的香蕉。两岸的村庄就像被造物主催眠了一般,一直沉溺在质朴的农业时代乡村美梦中,似乎数千年都不曾改变过。

回水人保留着近乎原始的生活方式令游客们称奇,他们种植稻米、采摘香蕉,驾船打鱼。这里的湖水混合着海水和淡水,湖里时常可以打捞上海鱼。我们在航行中两次遇见当地年轻人划着小船兜售刚刚钓上来的大龙虾。还有一些小货船载着粗麻袋装的粮食或椰子擦身而过,船上的渔民只围着龙紧,热情地向我们招手致意。

椰子纤维编织是回水地带的产业之一,许多家庭里从老奶

第四章 行走印度

奶到刚学会走路的孩子都要参与这项工作。女人们从晒干的椰子壳上剥离出纤维,把它们缠绕在纺锤上,然后再制成细绳。这些绳子按重量卖给当地的小工厂,全家人一天大概能收入5美元。

喀拉拉海岸线上到处生长着椰子树和棕榈树,是最重要的经济作物。它们提供的不仅是手工编织艺术品,椰肉和椰汁是印度南部饮食中不可或缺的原料;人们从棕榈树中萃取出油脂,既可以用来烹调食物,还可以用作化妆品的原料,当地人最喜欢用这些棕榈油制作的护发油。晒干的叶子可以遮盖屋顶,沁凉的椰汁是最重要的两种饮料之一。我们的船屋不提供淡水,也没有瓶装矿泉水,我一直捧着青椰子喝椰汁解渴,那滋味绝对胜过任何碳酸饮料。

高高尖顶的基督教教堂是这幅乡村画卷中抢眼的点缀。印度南部居民对宗教很宽容,几个世纪以来印度教、伊斯兰教、犹太教和基督教在喀拉拉邦一直毫无阻碍地传播着,从没发生过激烈的宗教冲突。葡萄牙人18世纪建造的教堂也保留完好,人们带着虔诚的表情进进出出。

中午时分,一天半的回水游览结束了,我们离开船屋登岸,乘车奔向下一个目的地。回身望去,阳光在水面上跳跃,聚集的水鸟变成一片片黑影。不知道什么响动惊扰了它们,水鸟们打破寂静展翅飞起,它们的歌声同基督教教堂的钟声以及印度教寺庙传出的音乐相应和,久久地在我心中盘桓……

孟买印象

〖泰姬陵,爱情的丰碑〗

20多年前我曾访问过泰姬陵,这座被泰戈尔形容为"面颊上一滴永恒的泪"的胜迹,这座世界名胜给我留下最美丽的印象。历经300多年的风雨剥蚀她却依然像孩子的梦一般洁白无瑕,如月下的睡莲闪烁着微光,又像一块羊脂玉,晶莹剔透的光泽与蓝天相辉映,让人神魂颠倒。她玉立在那里,以自己的不朽向世人宣告,世界上最保值的不是金银珠宝,不是房产古玩,而是—爱情。

来孟买后曾几次有机会去离新德里200公里的泰姬陵拜谒,竟几次痛失良机。有一次几乎触摸到她的呼吸,却因为生病,在德里的旅馆里结结实实地躺了一天,次日只好扫兴回孟

第四章　行走印度

买。难道,这是天意?

泰姬陵在 2007 年与长城、吴哥古迹等一同当选为新的世界七大奇迹。其他的六项建筑连同老一代的七大奇迹无一不是为男人而建,或御敌,或筑城,或建造宫殿,尽显着男权的荣耀与威仪;只有泰姬陵是为女人而建,为爱情而生,在历史的光影中绽放着浪漫而高贵的气质。她超越着简单的建筑学意义,默默地美丽着,不为别的,只为人心中那一点对爱情的美好向往。1631 年,莫卧儿王朝的沙贾·汉皇帝的爱妃,39 岁的慕玛泰姬·玛哈尔难产而死,噩耗使茫然的皇帝伤心欲绝,据说他的头发在一夜之间变成了灰白色。同年,陵墓开始动工,修建了 22 年才完成。故事的结尾令人嘘唏,皇帝想在河对岸为自己修建一座黑色大理石陵墓,以便在死后能与爱妃遥相对望,互道衷情,但因晚年被他的独子囚禁,最终没能如愿。初次听到他们的故事颇为感动,方知道世界上真的有情深义重的男人,有穿越时空的思念,有生死相随的爱情。

比起斗升小民,大权在握、后宫佳丽无数的一国之君的深情更令人扼腕。历数我国的帝王情史,唐玄宗与杨贵妃的爱情最让世人咏叹,"在天愿作比翼鸟,在地愿为连理枝",时至今日,人们还在反复咀嚼,30 集的电视连续剧《杨贵妃秘史》细细密密地展示了这一爱情经典。即便如此,生活中的唐玄宗也没少三心二意让心上人吃醋,否则怎会有千古流传的名剧《贵妃醉酒》?更何况当安史之乱"渔阳鼙鼓动地来"时,皇上携杨贵妃仓皇出逃,在马嵬坡遭遇兵变,"六军不发无奈何,宛转蛾

孟买印象

眉马前死"，唐皇为求自保只好依从三军将士，逼爱妃自尽。比起沙·贾汉，中国的皇帝在爱情面前似乎更理智，也更算计。

很奇怪世界上最奢华的爱情丰碑却诞生在女人地位低下的印度。童婚制、嫁妆制、寡妇殉夫等婚姻陋习，在漫长的历史中绞杀着爱情，至今还在这个国家的一些角落里横行。印度的大学直到1975年才对女生全面开放，比我国至少晚了20多年（从新中国成立算起）。然而这些年印度妇女的地位发生了翻天覆地的变化：早在1966年英迪拉·甘地就开始了她12年掌权印度的铁血生涯；当今的印度总统帕蒂尔是有史以来的第一位女总统；孟买的现任市长也是女性；女性早已跻身社会精英之列：大学老师、医生、律师，各行各业都有女性活跃的身影，与我们常打交道的孟买大酒店、大公司中，女经理女总裁司空见惯。一面是令人发指的婚姻习俗，另一面是超越时代的妇女解放，这真是一个不可思议的国家。

世界上最保值的是爱情，最靠不住的也是爱情。凄凉的戴安娜王妃曾徘徊于泰姬陵前，咀嚼着自己苦涩难言的婚姻，同是王妃，境遇迥异，不免触景伤情。不清楚印度人对婚恋的忠贞度有几何，只知道2007年底的统计数字表明，印度已超过南非成为世界上艾滋病人最多的国家，在患病人群中中产阶级占有不小比例；而在中国，爱情似乎已经物化，更多的是和房子、车子、票子一起计价。在这个滥情时代，人们在泰姬陵前体味的未必是感动。我忽然理解了几次不能成行的天意：或许上天只让我守住那个青葱岁月纯真年代留下的印象，那一个纯洁美

第四章　行走印度

丽的梦。

泰姬陵，因爱情而生，这段爱情的生命也因泰姬陵的光彩被续写，光阴轮回，世代不息。